JESÚS
ENTRENADOR PARA LA VIDA

APRENDA DEL MEJOR

LAURIE BETH JONES

GRUPO NELSON
Una división de Thomas Nelson Publishers
Desde 1798

NASHVILLE   DALLAS   MÉXICO DF.   RÍO DE JANEIRO

Caribe-Betania Editores es un sello de Editorial Caribe, Inc.

© 2004 Editorial Caribe, Inc.
Una división de Thomas Nelson, Inc.
Nashville, TN, E.U.A.
www.caribebetania.com

Título en inglés: Jesus, Life Coach
© 2004 por Laurie Beth Jones
Publicado por Nelson Business,
Una división de Thomas Nelson, Inc.

A menos que se señale lo contrario, todas las citas
bíblicas son tomadas de la Versión Reina-Valera 1960
© 1960 Sociedades Bíblicas Unidas en América Latina.
Usadas con permiso.

ISBN 088113-803-7

Traductor: Eugenio Orellana
Tipografía: Marysol Rodriguez

Impreso en E.U.A.
Printed in the U.S.A.

A mi madre, Irene A. Jones,
que me enseñó a pintar lo que amo.

CONTENIDO

PRODUCTIVIDAD   119

Con Jesús como el entrenador para la vida, usted...

REALIZACIÓN   185

Con Jesús como el entrenador para la vida, usted...

INTRODUCCIÓN

Sea que esté reunida con el presidente de Wal-Mart o con altos funcionarios de la Academia Naval de los Estados Unidos en Annapolis, sé que la pregunta que está en las mentes de todos es esta: ¿Cómo puedo dirigir a otros a mayores alturas y a lo mejor?

Después de pasar toda una vida estudiando el carácter de Jesús y la mejor parte de mi carrera trabajando con líderes, he llegado a esta conclusión: No hay mejor modelo de entrenador para alcanzar resultados permanentes que Jesús de Nazaret. Este libro es mi contribución al más profundo conjunto de habilidades y talentos conocidos como instrucción.

Definitivamente, el entrenador «está de moda». Hubo un tiempo en que únicamente los atletas tenían entrenadores, pero ahora desde los más altos ejecutivos del mundo empresarial hasta la juventud en riesgo se ha familiarizado con el término *entrenador*. La *International Coaching Federation* [Federación Nacional de Entrenadores] que comenzó con un puñado de personas, ahora tiene más de cinco mil miembros. Pareciera que hoy día todo el mundo tiene un entrenador o quiere tener uno.

Actualmente, más de 150 mil personas en todo el mundo se autodenominan entrenadores para la vida. Y cada día se añaden más. Terapeutas tanto como entrenadores empresariales están entrando a esta nueva profesión y disfrutando de ella. Como lo dijo uno de ellos en un artículo publicado por Psychotherapy Networker en el número de julio-agosto de 2002: «Para mí, la terapia estaba enfocada en mirar hacia atrás, para ver por qué yo era de cierta manera. Los entrenadores miran ahora a dónde está usted, a dónde quiere ir y cómo va a lograr llegar allá». En ese mismo artículo, el entrenador Harriett Salinger dijo: «Yo creo que la gente sabe lo que quiere. Lo que necesitan son brazos que los sostengan mientras ellos mismos van haciendo los descubrimientos».

Otro contribuyente a ese artículo fue el reportero Jim Nauton, que escribió: «El carácter más y más desafiante de la vida moderna ha creado un mercado para hombres y mujeres que pueden proveer, por un honorario, un servicio que las viejas generaciones realizaron para las nuevas. La II Guerra Mundial aumentó la movilidad y la declinación de la familia y los vínculos comunitarios han reducido el contacto intergeneracional con el resultado que una cantidad de estructuras de soporte en las vidas de las personas se han venido abajo».

Mientras Nauton escribió que «la función de los entrenadores ha pasado de señalar formas, a incentivar y alentar», el reconocido especialista Peter Drucker ha dicho que la función del entrenador es «ayudar a las personas a encontrar sus puntos fuertes y construir sobre ellos».

Mi amiga y cliente entrenadora Jane Creswell compartió conmigo un documento presentado en la Cumbre de Entrenadores de Ejecutivos reunida en una reciente conferencia internacional de entrenadores. Un grupo de especialistas decidió que todos los entrenadores «deberían ser expertos en escuchar, en crear un medio ambiente para cambios, en facilitar la autoconciencia y ser capaces de trabajar con personal, profesionales y quizás con asuntos organizacionales en los cuales sus clientes quieran concentrarse». Los autores del documento, Dr. Lee Smith y la Dra. Jeannine Sandstrom, hicieron notar, además, que «el entrenamiento de ejecutivos es una relación de facilitación uno a uno diseñada mutuamente, que existe… para el beneficio de un cliente que es responsable de las decisiones más complejas».

La interacción de un buen entrenador de ejecutivos debería incluir elementos tales como «la habilidad de estar plena, espontánea y conscientemente presente, la habilidad de hacer preguntas certeras, ser un comunicador directo y levantar la conciencia del cliente». Además, el entrenador destacado debería también «mantener un alto nivel de confianza, desafiar a las personas a lograr niveles altos, decir la verdad y los secretos cuando nadie más lo haga. También debe ser confidente, lo que permite a los adultos compartir todos los aspectos de ellos, sus esperanzas tanto como sus temores, sus deseos como sus necesidades, sus sueños para ellos mismos como para sus organizaciones».

Un artículo en el *Boston Globe* (16 de marzo, 2003) escrito por Diane E. Lewis informaba que un número creciente de compañías *Fortune 500* están contratando a entrenadores para asegurarse que sus ejecutivos sobrevivan los primeros noventa a cien días críticos de su nuevo cargo. Compañías tales como *Fidelity Investment, Johnson & Johnson, State Farm Insurance* y *Cisco Systems* están trabajando diligentemente en asimilar o «incorporar» las prácticas de los entrenadores. La meta es ayudar a los líderes de sus negocios a aumentar los niveles de retención tanto como a ajustarse lo más rápidamente posible a sus nuevos trabajos.

Lewis dijo que los escándalos en Wall Street han mostrado dolorosamente a las empresas que empleados incompatibles o descontentos pueden conducir a la erosión y corrupción de las compañías, además de causar pérdidas de ganancias y en la productividad. Además, un estudio ordenado por una firma de reorientación profesional de Chicago estableció que en los últimos tres años, un número altísimo de ejecutivos han renunciado a sus compañías en los Estados Unidos.

En 1999, cuando la firma de reorientación profesional *Challenger, Gray and Christmas* empezó a rastrear el éxito de altos ejecutivos, descubrió que en ese año solo treinta y dos renunciaron o fueron obligados a hacerlo. Hoy día, según el artículo que hemos mencionado, los altos ejecutivos están renunciando a una tasa de setenta y nueve por mes.

Un estudio encargado por una firma de *Fortune 500* a través de *MetrixGlobal, LLC* determinó que la instrucción a ejecutivos produjo un sorprendente 529 por ciento de retorno en las inversiones. Un setenta y cinco por ciento de los participantes indicó que el entrenamiento había tenido un impacto significativo o muy significativo en por lo menos una de nueve medidas adoptadas en el negocio. Sesenta por ciento de los encuestados pudieron identificar beneficios financieros específicos que se produjeron como resultado de recibir instrucción profesional.

En términos globales, se citó la productividad (sesenta por ciento favorable) y la satisfacción de los empleados (cincuenta y cuatro por ciento) como los impactos más significativos del trabajo de los entrenadores. El programa de instrucción para ejecutivos impactó notablemente la calidad y los resultados del trabajo. Los entrenadores de ejecutivos Jane Creswell y Jerry Fletcher afirmaron que la instrucción ayuda a identificar a individuos en equipos con «patrones de alto rendimiento» y así ganar en el verdadero activo de cualquiera organización que es el conocimiento.

La instrucción está captando también la atención de los líderes de la iglesia. George Bullar, director del Centro de Liderazgo Hollifield escribió en el número de septiembre de 2002 de la revista *NET Results*:

> La instrucción es un plan bien pensado que está recién surgiendo y que ve las relaciones como más importantes que las tareas, el significado más importante que el éxito, las historias como más importantes que las estrategias, las experiencias como más importantes que los libros de reglas, las personas como más importantes que las instituciones, ascender con fuerza como más importante que la solución de problemas.

Al observar las investigaciones sobre los entrenadores que tenía delante de mí, me impresionó comprobar cuán calificado y perfecto es Jesús como entrenador para la vida. Y como si mi atención en torno a la instrucción fuera un imán, de repente empecé a recibir numerosos pedidos por correo electrónico para que desarrollara un programa de instrucción basado en la fe que tuviera a Jesús como modelo.

Durante el tiempo que usted y yo pasaremos juntos, quisiera expresarle pensamientos, reflexiones, observaciones, historias y experiencias personales de lo que es tener a Jesús como entrenador personal. Pero antes quisiera darle un pequeño trasfondo.

Mi vida con Jesús como mi entrenador personal comenzó oficialmente cuando tenía catorce años. Mi petición a Él, de que viniera a mi corazón y fuera mi Señor y Salvador, fue una acumulación de circunstancias y experiencias, tal como un himno cantado alrededor del órgano con mis abuelitos y muchas horas sentada en los bancos de iglesias presbiterianas y metodistas con mi padre, mi madre, mi hermana y mi hermano.

Un año, antes de entrar al primero en la escuela secundaria, hice un viaje con Nancy, mi mejor amiga. Nuestros padres nos permitieron ir por tren a Ciudad de México, donde una familia nos recibiría y nos mostraría la ciudad. En el camino, pasamos la noche en una pequeña hacienda de la que eran dueños algunos amigos de los padres de Nancy. Luego que esta pareja nos encontró en la estación y nos llevó a comer, cada una nos fuimos a nuestros respectivos cuartos. Después de haber desempacado, salí al patio desde donde se veía un hermoso valle. Era la tarde de un día de julio bastante caliente. Desde allí podía ver a un grupo de obreros de la mina local regresando camino arriba a sus casas.

Se estaban formando nubes amenazadoras en el horizonte y un pájaro cantaba en un árbol que estaba detrás de mí. De pronto, sentí un «sobrecogimiento». Era algo trascendente, una experiencia externa pero a la vez muy dentro de mí. En un momento sentí como que yo era tanto el sinsonte que cantaba como las notas que el pájaro estaba cantando. Igualmente, era como si yo fuese la línea de hombres que subían por el cerro, y el cielo abovedado sobre ellos. Era como si yo estuviera en todas partes a la vez y toda la experiencia se difundiera con un conocimiento profundo a la vez que un amor que todo lo abarcaba. En ese momento supe que Dios era real y que yo era real. Susurré una oración mientras me afirmaba en una pared de adobe y le pedía a Jesús que viniera a mi vida y me guiara, como Maestro, Amigo, Amante y entrenador personal para toda la vida.

En ese momento, Jesús pasó de ser una figura colgando de una cruz a un Amigo que caminaba al lado mío. Desde entonces hemos reído juntos, llorado juntos, a veces hemos pasado sin hablarnos durante meses, discutido sobre principios y danzado en praderas bañadas por el sol. Lo he visto afirmarse en una columna de piedra en una librería, sonriendo y esperando para llevarme a casa después de un largo día de estar autografiando libros.

He estado sentada con Él en aeropuertos entretenidos mirando a la gente y le he preguntado lo que estaba pensando cuando creó a estas personas o a aquella que va allí, en particular. Me he sentado en silencio con Él en el funeral de mi padre, golpeada por la repentina pérdida de mi fuerza conductora. He puesto mis últimos dólares en el plato de la ofrenda en la iglesia, sin saber cuándo podré pagar el alquiler y riendo cuando el dinero empezó a llegar en cantidades crecientes. Ha sido la relación más desafiante, más alegre, más aterrorizante, más exasperante y más maravillosa de toda mi vida. No quisiera estar sin Él por nada del mundo.

Cuando preparaba este libro, volví a leer los salmos del rey David, volviéndome a impresionar esa relación personal que este individuo tenía con Dios. Sea que estuviera alabándolo por la belleza del cielo nocturno o pidiéndole que lo alzara por sobre las profundidades de la desesperación, David sabía que Dios sabía quién era él y tenía un vivo interés en cada aspecto de su vida. Por eso escribió:

Jehová es mi pastor; nada me faltará.
En lugares de delicados pastos me hará descansar;
    junto a aguas de reposo me pastoreará.
Confortará mi alma;
    me guiará por sendas de justicia por amor de su nombre.
Aunque ande en valle de sombra de muerte,
    no temeré mal alguno, porque tú estarás conmigo;
tu vara y tu cayado me infundirán aliento.
Aderezas mesa delante de mí en presencia de mis angustiadores;
Unges mi cabeza con aceite; mi copa está rebosando.
Ciertamente el bien y la misericordia me seguirán todos los días
    de mi vida.
Y en la casa de Jehová moraré por largos días
(Salmo 23).

Qué hermosa metáfora de una persona y su Dios, su entrenador, si quiere, confortándolo y guiándolo con vara y cayado, caminando al lado de él en el valle de oscuridad, asegurándole que tiene un futuro aun cuando estuviera en presencia de sus enemigos, restaurando su alma. ¿Quién no querría tener un entrenador así?

Ser invitada a hablar en reuniones que van desde retiros de *Fortune* 500 a conferencias internacionales ha sido un reto y un honor. En tales ocasiones, a veces se me pide en privado que explique las bases de mi cristianismo. Un conferenciante se me acercó un día y me dijo:

—Yo creo que Dios es un ser puro. Siento en usted una calma y una ecuanimidad que yo no tengo. ¿Cuál es el secreto?

Sonreí y le dije:

—Yo también creo que Dios es un ser puro, Richard, pero sé también que Dios conoce mi segundo nombre y observa con gran interés y amor lo que yo hago. Así como yo creo en Dios, sé que Él cree en mí.

Richard sonrió y me rcontestó:

—Yo quiero eso.

Le respondí:

—Todo lo que tiene que hacer es pedirlo.

Para mí es un honor y un reto hablar de Jesús como un entrenador personal porque eso me habla de la más rica y retribuyente relación posible sobre esta tierra. Pero antes de seguir, necesito hacer la pregunta que ha permeado las edades: ¿Qué piensa usted acerca de Jesús? ¿Quién cree que es Él?

Jesús es una de las figuras más reverenciadas y tergiversadas de la historia. Su vida ha inspirado a santos y ha incitado revueltas. Su imagen, que solo se ha reconstruido debido a que en su tiempo no había cámaras fotográficas, decora y declara sagrados algunos de los más hermosos edificios en el mundo. Su nombre se usa tanto para maldecir como para bendecir. Algunas personas que le cantan el domingo en la iglesia, tienen miedo de mencionarlo el lunes en sus trabajos. Personas que dicen ser sus representantes han cometido algunos de los más horribles actos contra la humanidad. Las religiones han brotado en torno a Él, las naciones se han dividido, se han delineado las culturas y las familias se han disgregado. Definitivamente, este hombre ha hecho un impacto en la historia.

Cuando hablé en la Conferencia Internacional sobre Negocios y Espiritualidad realizada en Acapulco, México, pregunté a las 350 personas reunidas en el salón: «¿Cuántos de ustedes vienen de un trasfondo judeocristiano?» Cerca de ochenta por ciento de los presentes levantó la mano. Entonces, pregunté: «¿Cuántos han sido maltratados o han abandonado su religión debido a personas mal informadas que han usado la religión para tratar de causarles daño?» Prácticamente el mismo número de manos se alzaron.

Les dije que los líderes religiosos también me han causado daño a mí. Y que yo estaba allí para hablar sobre espiritualidad y no sobre religión; y sobre relaciones y no sobre doctrina. Les invité a que inclinaran sus cabezas para orar conmigo y pedí a Dios que sanara cualquiera herida que hubieran sufrido a manos de líderes mal informados. También le dije a Dios que no quería jamás ser una de esas personas. Al finalizar la oración, el grupo pareció haber exhalado un suspiro de alivio. Cuando sus cabezas se alzaron, pude sentir que sus corazones se habían abierto.

Le voy a pedir a usted que haga lo mismo. Por un momento, vamos a pedir sanidad por cualquiera herida que se le hubiese infligido a nombre de la religión. También vamos a pedir perdón para aquellos que, por malicia o por ignorancia, pudieron haberle herido.

Las palabras y observaciones que estoy a punto de empezar a compartir con usted no tienen nada que ver con religión, pero sí con relaciones. A veces, cuando recuerdo a la gente que Jesús no fue cristiano (como María no fue católica), me he encontrado con grandes sorpresas. Son los dogmas religiosos hechos por el hombre los que nos han dividido y extraviado de nuestra verdad central, que es el amor.

Cada uno de nosotros hemos sido hechos a la imagen de Dios y a Dios volveremos. ¿Y mientras tanto qué? ¿Qué es esto que se llama vida y cómo vamos a vivirla en toda su intensidad?

Jesús nos dio su afirmación de misión cuando dijo: «Yo he venido para que ustedes puedan tener vida y tenerla abundantemente» (mi paráfrasis de Juan 10.10). Repita por un momento estas palabras añadiendo su nombre en la frase como si Jesús se la estuviera diciendo a usted. En mi caso sería: «Laurie Beth, yo he venido para que tú puedas tener vida y tenerla abundantemente».

No creo que podamos o debamos utilizar a Dios para hacer más dinero. La verdad profunda, que muchos de nosotros seguimos eludiendo es que cuando permitimos que Dios nos utilice, llegamos a realizarnos. Y la realización es el éxito final, ¿no es así?

Con mi primer libro, *Jesus, CEO: Using Ancient Wisdom for Visionary Leadership* pedí a líderes de corporaciones que pensaran en un hombre que tuvo solo tres años para entrenar a doce personas, ninguno de los cuales era divino. Que en ese tiempo se las arregló para hacer de un grupo a veces cobarde y contencioso «máquinas de mercadeo limpias y eficientes». Los entrenó tan bien que estuvieron dispuestos a trabajar sin paga y a morir por Él. Ese libro ha llegado a ser un éxito internacional de librería y se ha traducido a doce idiomas. La universalidad de estos principios apelan a personas de diferentes niveles de la vida, especialmente a aquellos que están dirigiendo a quienes trabajan en el mundo de los negocios.

Cuando pregunté a líderes de corporaciones cuántos de ellos querrían tener un personal como ese, casi todos levantaron la mano. Y cuando dije: «Bien, el truco es que usted sea el primero», casi todas las manos se bajaron. Empezaban a darse cuenta que Jesús estaba menos interesado en el éxito y más interesado en la transformación. Para muchos, este es un proceso atemorizante.

Ya que usted ha comprado este libro, espero que estará dispuesto y querrá hacer cambios en su vida, cambios para mejorar. Doquier fue Jesús, orquestó cambios, fuera que estuviera devolviéndole la vida a una mano seca o convirtiendo a una mujer asustada en una aguerrida proclamadora de la verdad.

Cuando dijo a sus apóstoles: «Vayan y cuéntenles a todos lo que han visto y oído», no les estaba diciendo que golpearan a la gente con sus Biblias (todavía inexistentes) y los obligaran así a convertirse y pensar como ellos. Los estaba llamando a testificar a las vidas transformadas que habían visto… cómo los ciegos podían ver, cómo los paralíticos podían caminar, cómo los mudos podían hablar, cómo aquellos que estaban cubiertos por las cenizas de desesperación lucían en cambio una guirnalda de esperanza.

Ese mismo poder —ese mismo deseo divino por integridad y sanidad— sigue trabajando hoy día… esperando a que se lo llame, se lo escuche y se lo crea.

En este libro, que está dividido en cuatro secciones, mostraré cómo le ayudará Jesús a concentrarse, a lograr un equilibrio, a ser productivo y a realizarse. Toda vez que creo que el trabajo de base para cualquier proceso de instrucción es lograr que primero la persona establezca una misión, le pido que escriba su misión de vida en una sola frase. En mi segundo libro, *The Path: Creating Your Mission for Work and Life* trato este asunto extensamente y ofrezco una cantidad de principios y ejercicios clave diseñados para ayudar a las personas y a las organizaciones a hacer esto. No voy a repetir estos procesos aquí. Pero si usted no tiene una misión, fíjese una. Este es un prerrequisito, creo, para comenzar este trabajo.

Mientras no *enfoquemos* y definamos lo que es más importante para nosotros, viviremos nuestras vidas en una bruma de urgencias orientadas en otra dirección. La instrucción está diseñada para ayudarle a mantenerse enfocado, a practicar un «abandono planificado» de oportunidades que quizás lo único que hagan sea distraerlo. Se le enseñará a usar su espada —y gozosamente—, tanto como a hacer preguntas que le invitarán a pensar y a mantener su vista en el premio.

Sin *balance*, los mejores logros se transforman en cargas y las pérdidas pueden derribarnos. Con Jesús como su entrenador para la vida, usted va a entender cómo atacar y mantener un sentido de equilibrio en un mundo que se inclina y se balancea peligrosamente en el borde de nuestros siempre cambiantes deseos. Ya no va a sentir la necesidad de justificar sus comportamientos sino que desarrollará un nuevo respeto por sus debilidades. Entenderá la diferencia entre arquetipos y estereotipos, y también aprenderá que un comienzo difícil es mejor que un no comienzo del todo.

La *productividad* es la meta de todo líder, gerente y entrenador. Debemos aprender a pensar dentro de la solución para dar fruto y mantenernos vivos con nuevas posibilidades en constante expansión. Usted aprenderá cómo evitar usar una «armadura prestada». Su meta llegará a ser: nadar contra la corriente, en vez de seguirla y las demandas escandalosas vendrán a ser su comida diaria.

La *realización* está más allá del «éxito». Conocer la diferencia determinará el camino y las acciones que usted deberá tomar durante el día. La desviación de unos pocos centímetros a cualquier lado puede cambiarlo todo. Con Jesús como su entrenador, usted empezará a experimentar un gozo infinito en su presencia. Llegará a ser más una voz que un eco y diariamente empezará a pintar lo que ama. Tendrá nuevas historias para contar tanto como una renovada autoimagen. Aprenderá a sentirse confortable en un estado futuro.

Estudios llevados a cabo por el investigador de Harvard Gerald Zaltman en su libro *What Customers Think* reveló que buscamos tener personas y organizaciones que

- nos ahorren tiempo
- sean una fuente de nuevas ideas
- se conecten con nosotros racionalmente, y
- permanezcan con nosotros en la jornada a través de todas sus vueltas y revueltas.

Jesús es esa persona.
Bienvenido al entrenador de mi nueva vida.

ENFOQUE

Hace poco, mi amigo Joe Mathews me contó una conmovedora historia. Al mejor amigo de su esposa le diagnosticaron cáncer terminal dándole un corto tiempo de vida. Joe me dijo que había visto con asombro cómo Dan y su esposa, Christine, empezaron a vivir cada día con tremenda claridad y amor. Cuando el fin estaba cerca, Joe se armó de valor para hacerle a Christine esta pregunta: «¿Qué se siente vivir cada día sabiendo que te estás muriendo?» Ella le contestó con otra pregunta: «¿Joe, qué se siente vivir cada día pretendiendo que tú no eres el que se va a morir?»

Una de las más categóricas preguntas para lograr un buen enfoque es preguntarse a uno mismo: «¿Qué haría si se me diagnosticara que no tengo más de seis meses de vida?» Seguramente eso lo llevaría de inmediato a reorganizar sus prioridades.

El enfoque es el principio del poder.

El año pasado hablé por teléfono con un cliente a quien he venido dando instrucción. Empresario de mucho éxito, tenía una idea vaga de lo que quería y necesitaba hacer en su vida para alcanzar un nivel más alto. Me dijo que había leído *The Path* pero no contestó las preguntas. Su primera asignación fue mandarlo a escribir sus respuestas a las preguntas. Al escribir su visión específica, se le hizo claro lo que quería crear y experimentar en su vida.

Recientemente me volví a contactar con él y lo encontré riendo lleno de felicidad. Todo lo que escribió en su visión desde nuestra comunicación anterior se había hecho realidad, no en tres años sino en noventa días. Me dijo: «Tan pronto como se me hizo claro eso de la visión, ¡guam! Todo empezó a ocurrir tan rápido. Ahora usted necesita escribir el siguiente libro que me diga qué hacer cuando mi visión empieza a hacerse realidad, todo a la misma vez». Nos reímos sobre el dilema del pescador que siguió las instrucciones de Jesús en cuanto a echar la red al otro lado de la barca y atrapó tal cantidad de peces que las redes parecían romperse.

Una pesca como aquella está esperando por usted, también. ¿Está listo?

Cuando Jesús, su entrenador personal lo mire, le va a hacer solo una pregunta: «¿Qué quieres que te haga?» Esa es la pregunta que vez tras vez hizo durante su ministerio, fuera a un soldado romano, desesperado ante la grave enfermedad de un siervo suyo, o a una mujer sufriendo de hemorragia por doce años. «¿Qué quieres que te haga?»

Jesús le está pidiendo que se concentre. Todo el poder está aquí. Toda la buena voluntad está aquí. Ahora mismo, la determinación está aquí.

Usted tiene que decidir lo que quiere ser en este mundo.

Los siguientes capítulos están orientados a ayudarle a que se concentre. A ayudarle a que de una pequeña luz que ilumina un pequeño espacio llegue a ser un rayo laser lo suficientemente poderoso como para cortar el acero.

LE ROBARÁN LA TIENDA

AHORA VEMOS POR ESPEJO, OSCURAMENTE...
MAS ENTONCES VEREMOS CARA A CARA.
—1 CORINTIOS 13.12

Recientemente tuve el placer de oír a Ray Anderson, fundador de un molino textil en Georgia llamado Interface, hablando a un grupo de líderes empresariales en Santa Fe. En esa ocasión, contó la siguiente historia.

Un día, Sherlock Holmes y su asistente, Watson, salieron a acampar. En medio de la noche, Sherlock se despertó, se volvió y preguntó a Watson: «¿Qué ves, mi querido Watson?» Watson respondió: «Veo la estrella polar, la cual nos ha guiado hasta aquí. Más allá veo la Osa Mayor y la cola de Orión. También puedo distinguir los límites de la Vía Láctea y sé que hay muchos universos expandiéndose más allá».

Watson iba a continuar su extasiada explicación cuando Sherlock le dio un codazo y le dijo: «Watson, imbécil, ¡nos han robado la tienda!»

La audiencia prorrumpió en carcajadas al hacerse evidentes una serie de aplicaciones de la vida real de esta historia. Mientras Watson se extasiaba describiendo la belleza del universo que veía sobre ellos, el detective Holmes estaba pensando en que les era posible ver el cielo estrellado debido a que alguien les había robado la tienda bajo la cual dormían.

En cierta ocasión, Jesús se describió como «un ladrón en la noche». Me gusta la idea de venir a robarnos la tienda, la tienda de nuestra limitada perspectiva, la tienda de nuestro entendimiento frágil y dividido, la tienda que creemos que nos está dando seguridad pero que en realidad nos está impidiendo ver el universo.

Como niños amontonados en una tienda, hablamos entre nosotros a la luz de nuestras pequeñas linternas y nos consideramos tremendos aventureros sin que ni siquiera hubiéramos salidos del patio de la casa.

En *Jesus in Blue Jeans* escribí un capítulo sobre la impaciencia de Dios con la gente «dura de entendimiento». La obstinación es la prima hermana de la arrogancia y siempre antes de la caída se encuentra el orgullo. Cuando creemos que lo sabemos todo, cuando rehusamos intentar hacer las cosas de una manera diferente, cuando estamos decididos a ser inflexibles e ignorantes, estamos condenados al fracaso.

Hace algún tiempo, hice una fiesta de cumpleaños para una amiga. Cuando una de las invitadas llegó, pidió disculpas por llegar un poco tarde debido a que le había costado encontrar sus anteojos. Se rió y dijo: «Finalmente, agarré los primeros que encontré. Creo que son de mi madre». Todos nos reímos mientras describía lo difícil que fue conducir su automóvil mirando a través de los anteojos de otra persona.

¡Con cuánta frecuencia usamos los anteojos de nuestros padres cuando vamos en un viaje y no usamos «ojos nuevos» para ver el mundo! Constantemente me estoy maravillando y consternando por la frecuencia con que repetimos los patrones negativos de nuestros padres. Supongo que así es como se crea la cultura. Y que así es como se declina también.

Si solo abriéramos los ojos a nuevas formas de relacionarnos, ver y hacer. Si solo nos concentráramos —no en la tienda que nos han robado— sino en nuestra repentina admiración al ver el universo. Cuídese usted que desea crecer.

Jesús le va a robar su tienda.

PREGUNTAS

1. ¿En qué aspectos de su vida está usando los anteojos de su madre o padre?

2. ¿Cuán grande es su tienda?

3. ¿Cuán limitante es?

4. ¿Cuál es el valor de este tipo de «robo» acerca del cual hablamos en este capítulo?

Querido Señor:

Gracias por robarme la tienda de mi pequeña mentalidad y pensamiento tan limitado. Ayúdame a darme cuenta que no he perdido nada, sino que he ganado mucho cuando me despojas de mis tan confortables limitaciones. Amén.

PRACTICARÁ EL ABANDONO PLANEADO

MARÍA HA ESCOGIDO LA BUENA PARTE.
—LUCAS 10.42

Frances Hesselbein es presidenta de la Fundación Drucker y ex jefa ejecutiva de las Niñas Exploradoras [*Girl Scouts*] de los Estados Unidos. Comenzó su trabajo como líder de tropa voluntaria y se comprometió a defender los valores fundamentales de las Niñas Exploradoras mientras reconfirmaba la organización a su compromiso de misión de «ayudar a las jovencitas a alcanzar su más alto potencial».

Decidió que cualquier niña en los Estados Unidos debería poder usar el uniforme de las Niñas Exploradoras, fuera miembro de los indios navajos, vietnamita o de las áreas rurales. También decidió que la organización tenía que ser más relevante. Las niñas no necesitaban tanto prepararse para el matrimonio como en matemáticas y tenían que estar preparadas no solo para trabajar en la cocina sino también para evitar los embarazos en la adolescencia.

Hesselbein comenzó una implacable campaña para concentrar el enfoque y ampliar el alcance. Durante el desempeño de su cargo en las Niñas Exploradoras llevó la membresía de un millón de niñas a más de dos millones, con 780 mil adultos voluntarios. Sus logros fueron conocidos por nada menos que Peter Drucker, el hombre a quien muchos consideran el padre de la organización moderna. Drucker reclutó a Hesselbein para echar a andar y dirigir la Fundación Drucker, que está dedicada a ayudar a organizaciones no lucrativas a operar más eficientemente.

Hesselbein se autodenominó porrista jefe de los principios de Drucker. Un principio que cita con frecuencia en su libro *Hesselbein on Leadership* es el del «abandono planeado». Dice: «Si vamos a mantenernos enfocados en nuestra misión, como debe ser si vamos a ser relevantes en una época indeterminada, entonces abandonar aquellas cosas que no fomentan nuestra misión es un imperativo del liderazgo».

Hesselbein está en buena compañía. Jim Collins, autor de *Built to Last* y *Good to Great*, escribe sobre ella. Dice que Frances sigue tres pruebas básicas de misión, entendiendo que hacer bien no significa hacerlo todo bien. Según Collins, las tres pruebas básicas de misión son: «Primero, la oportunidad debe calzar exactamente en medio de la misión de la organización. Segundo, la empresa debe tener la capacidad de ejecutar la oportunidad mejor que cualquier otra organización. Y tercero, la oportunidad debe tener sentido en el contexto del motor económico y los recursos de la organización».

El abandono planeado significa aprender cómo y cuándo decir no, tanto como cultivar esa disciplina. Debido a que vivimos en días y en una época en los que las oportunidades son interminables, y «acres de diamantes» yacen por doquiera a nuestros pies, necesitamos ser capaces de entender qué tomar y qué dejar.

Jesús entendió esto y lo demostró cuando dejó a un lado el martillo en la carpintería y tomó su cayado. El trabajo de carpintero fue algo que hizo muy bien, pero había algo más elevado y más singular que podía hacer mejor que cualquier otro. Se lanzó, entonces, a esa «ocupación» y el mundo nunca volvió a ser igual.

Debido a que un propósito de mi trabajo es que las personas encuentren y vivan su llamado divino, aconsejo a aquellas con las más variadas experiencias de vida que se esfuercen para alcanzar y asir «el supremo llamamiento de Dios en Cristo Jesús» (Filipenses 3.14). Invariablemente, los desafíos que enfrentan no se deben a falta de oportunidades sino a la multiplicidad de alternativas.

Tener tantas alternativas puede ser tan paralizante como tener unas pocas o ninguna. He visto a una señora renunciar a su cargo de presidenta de la junta directiva de una iglesia solo para llegar a ser una entrenadora congregacional para toda la región. He visto a un alto ejecutivo renunciar a la oportunidad de ser presidente nacional de su asociación comercial para profundizar en las raíces de su organización y solidificar su éxito creciente. He visto a un conferenciante patólogo entregar su práctica a sus amigos y asociados para poder dedicarse a establecer iglesias y a trabajar en su crecimiento. He visto a un hombre luchar con la decisión en cuanto a si llegar a ser un diácono vitalicio de su iglesia o dedicar más tiempo a su familia. Cada decisión fue agonizante porque eso significaba abandonar a unos, decepcionar a otros, dejar un boquete en el ministerio. Pero las decisiones se hicieron y de alguna manera los vacíos se llenaron.

Como alguien cuya misión comprende las palabras *conexión divina*, he tenido que luchar con decisiones que han significado cortar vínculos con otros. Cada vez que he tenido que hacer una decisión que ha significado dejar a alguien atrás, he recordado algo. ¿Qué haría si solo tuviera seis meses de vida? Esa pregunta siempre alivia y activa algunos abandonos planeados de proyectos y tareas que otros podrían hacer. Abandonar a Dios significa abandonar la felicidad. Y eso es digno de planearse.

Quiero aquí decir una palabra sobre el abandono falso. Quizás usted se sienta tan confundido como yo cuando oigo de un político que ha sido sorprendido en un escándalo o que está perdiendo popularidad en las encuestas, diciendo que quiere volver a casa para «pasar más tiempo con su familia». Esa no es una decisión planeada sino forzada porque la ruta de su decisión ya no está más abierta para él. Hay una diferencia.

Abandono planeado no significa salirse de algo que es difícil o que no está funcionando. Abandono planeado significa escoger entre lo bueno y lo mejor. Abandono planeado significa que usted es capaz de decir no a todos esos resplandores y saber cuál es el brillo que vale. Una vez que entienda la diferencia, estará en el camino de la realización. Me gusta esta historia:

> Aconteció que yendo de camino, entró en una aldea; y una mujer llamada Marta le recibió en su casa. Esta tenía una hermana que se llamaba María, la cual, sentándose a los pies de Jesús, oía su palabra. Pero Marta se preocupaba con muchos quehaceres, y acercándose, dijo: Señor, ¿no te da cuidado que mi hermana me deje servir sola? Dile, pues, que me ayude. Respondiendo Jesús, le dijo: Marta, Marta, afanada y turbada estás con muchas cosas. Pero solo una cosa es necesaria; y María ha escogido la buena parte, la cual no le será quitada (Lucas 10.38-42).

Cuando María decidió dejar los deberes de la cocina en favor de oír a Jesús, recibió alabanzas por su abandono planeado. Decidió hacer menos cosas para escoger la mejor parte.

Jesús practicó el abandono planeado.

PREGUNTAS

1. ¿Qué oportunidades le están actualmente confundiendo? Mencione algunas decisiones específicas que está enfrentando.
2. ¿Cuáles de estas puede hacer mejor que casi cualquier otro?
3. ¿Cuál encaja mejor con su misión personal?
4. ¿Cuál está en contexto con su motor económico y sus recursos?
5. ¿Por qué usted y yo tenemos que aprender a decir que no?

Querido Señor:
Jesús pudo haber estado muy ocupado como carpintero o incluso como alguien que transforma las piedras en pan en el desierto. Pero dejó lo mundano para seguir la senda que le correspondía. Ayúdame a seguir la senda que me corresponde a mí. Amén.

MANTENDRÁ SU ENFOQUE

TUS OJOS MIREN LO RECTO, Y DIRÍJANSE TUS
PÁRPADOS HACIA LO QUE TIENEN DELANTE.
—PROVERBIOS 4.25

Eran los comienzos de mi carrera, cuando mis libros eran poco conocidos. Me encontraba de pie ante el carrousel de equipaje en el aeropuerto de Minneapolis acompañada por mi escolta de prensa. Mirábamos cómo pasaban ante nuestros ojos cientos de maletas de todos tamaños y apariencias.

Le pregunté cómo había conseguido ese trabajo. Y me contestó: «Solo lo hago de vez en cuando. Mis compañeros se acaparan a los grandes autores y a los demás me los dejan a mí». Esto me permitió darme cuenta dónde me encontraba yo en el esquema de las cosas.

De ahí nos fuimos a una estación de televisión por cable que sin duda había visto días mejores. Unos muchachos, integrantes de una banda, desempacaban un juego de tambores en el estacionamiento, retirándolos cuidadosamente de una camioneta color gris. Pensé: *¡Qué extraño! ¿Qué será todo esto?*

Al entrar al edificio, recibí el saludo de bienvenida de una señora que aparentemente resultó ser no solo la que daba la bienvenida, sino también la que me entrevistaría. Y también la que manejaba la cámara. Me llevó al estudio, me hizo sentarme en uno de los taburetes que había frente a la cámara, y me dijo: «Me llamo Rita. Le voy a hacer una pregunta con la cámara dirigida hacia mí. Luego me voy a levantar y voy a girar la cámara hacia donde está usted, y entonces me va a contestar la pregunta ¿okey?» Yo le dije: «¡Okey! Creo que puedo hacerlo». Y empezamos.

Me resultó un poco difícil concentrarme cuando mi entrevistadora me hizo la pregunta, luego saltó y volvió la cámara hacia mí. Yo tenía que seguir mirando hacia el lugar donde supuestamente estaba ella mientras contestaba, aunque ya no estaba allí. Me las arreglé bastante bien hasta que nos hizo saltar un ruido de tambores que venía del estacionamiento. *¡Bang! ¡Crash! ¡Bang, bang, bing, bing! ¡Crash, crash, crash!* La banda, cuyo turno estaba después de mí, se había puesto a practicar en el estacionamiento.

Las delgadas paredes del edificio transmitían el ruido pleno dentro del estudio. Rita se molestó tremendamente. Empezó a hacerme señas con las manos y a tratar de decirme algo mediante el lenguaje de acciones, pero para mí aquello resultó totalmente indescifrable. Como pude, seguí hablando sobre los puntos más importantes de mi libro aunque me resultó mucho más difícil seguir mirando al punto donde debería estar sentada mi entrevistadora, que se había parado, atravesado el estudio a paso decidido, abierto la puerta y gritado a todo pulmón: «¡Cállense! ¿Quieren?» Mientras tanto, yo seguía hablando de mi libro ante la cámara. Rita cerró la puerta, caminó por el estudio y se dirigió a su asiento, sin antes detenerse un momento a mover la cámara en dirección a su lugar. Y todo, como si nada anormal estuviera ocurriendo. Al hablar de un libro, como en la vida, uno tiene que aprender a mantenerse concentrado, sin importar lo que pase a su alrededor.

Tengo una amiga que es básicamente lo que podría decirse una fanática de la Coca Dieta (*adicta* sería una palabra más adecuada). Rara vez la verá, si es que la vé, sin una Coca Cola de dieta en la mano. Un día íbamos saliendo de una reunión y de pronto tropezó.

Casi en cámara lenta vi cómo se inclinaba hacia adelante y luego hacia atrás, daba un giro casi imposible para no golpear a un niño que pasaba en ese momento por ahí, se doblaba hasta casi tocar el suelo para recuperar finalmente la vertical. Mientras todo esto ocurría, de la lata de Coca Cola de dieta que llevaba en la mano no cayó ni una sola gota. Aquello me demostró que para ella, era casi más importante que su dignidad, su seguridad y su bienestar personal la lata de Coca Cola de dieta.

Hay un punto de enfoque en su vida que es como la lata de Coca Cola. No importa lo que ocurra a su alrededor, de alguna manera se las arreglará para asegurarse que ese punto no sufra menoscabo alguno.

En su vida, sin importar lo que estaba ocurriendo, Jesús mantuvo la concentración. Nunca titubeó. Fuera que la gente lo estuviera alabando con palmas o azotándolo con cuerdas, su enfoque se mantuvo inalterable.

Él vino a hacer la voluntad de su Padre pese a cualquier circunstancia. Ya estuviera en una fiesta o en un funeral, en una reunión o en un desayuno de oración, siempre se mantuvo fiel a la razón por la que había venido al mundo.

Cuando hice ese increíble viaje de diez días a la Tierra Santa, parecía como si mi mente no pudiera ser lo suficientemente amplia como para absorber las historias que oía y los lugares que veía. Cuando la gente me hablaba de lo emocionante que era andar por los lugares donde anduvo Jesús me parecía que estaban exagerando. En cuanto a mí, podía satisfacer mi hambre de Tierra Santa a través de vídeos y economizarme el viaje. Pero tenían razón. Cuando mi pie tocó por vez primera el suelo cerca del Mar de Galilea, las lágrimas acudieron a mis ojos y no pude dejar de llorar. Y era solo el primer día.

Nuestro guía, un palestino cristiano, nos contó muchas historias que no habíamos escuchado antes de nuestra visita. Una de las cosas más inquietantes fue que los romanos tenían el hábito de crucificar gente, especialmente judíos, todos los viernes. Estas «ejecuciones semanales» tenían el propósito de intimidar a los judíos que venían a Jerusalén. Para lograr eso, los romanos crucificaban a la gente fuera de las puertas de la ciudad para que todos los que entraban por ellas los vieran.

Eso me dice algo que no siempre se menciona, y es que Jesús tuvo que ver a esa gente crucificada cada vez que entraba a la ciudad. Imagínese el efecto que debe de haber tenido en su espíritu ver a esa gente sufrir y morir, sabiendo que Él tenía la capacidad para salvarlos. Pero no lo hizo. No en ese tiempo ni en esa manera.

Él practicó el pensamiento enfocado y se mantuvo creciendo en sabiduría y favor hasta el momento en que pudo hacer un cambio muchísimo más grande.

Es muy fácil —en este mundo de distracciones y corrientes informativas las veinticuatro horas del día y los siete días de la semana— perder el ritmo y la concentración. Saber qué vino a hacer aquí y estar decidido a llevarlo a cabo, pese a cualquier dificultad que se presente, le dará más poder de lo que se puede imaginar.

Jesús mantuvo el enfoque.

PREGUNTAS

1. ¿Cuál es la lata de Coca Cola dieta en su vida? ¿Qué es lo que no dejará que nadie ni nada le perturbe?

2. ¿Cuáles son algunas de las distracciones o maniobras de otras personas para hacerle perder el equilibrio?

3. ¿Cuántas distracciones puede eliminar?

4. ¿Cuántas distracciones invita actualmente?

Querido Señor:
Tú siempre mantuviste el enfoque, pese a cualquier dificultad. Por favor, ayúdame a mantener mis ojos en ti todo el tiempo porque tú eres mi vida, mi gozo, mi razón de ser. Amén.

Aprenderá a usar su espada

No he venido para traer paz,
sino espada.
—Mateo 10.34

Me encantan las estatuas. Cada año, cuando se acerca la Navidad, le mando algún tipo de estatua a mi amiga Catherine para su oficina, la cocina o el jardín. Después que me rogó que no le llevara más, compré una para mí. Es una figura de mujer de tamaño natural cubierta con un manto. Está descalza y tiene una corona de laurel en su cabeza. En una de sus manos levantadas sostiene una antorcha y en la otra una espada.

A menudo, cuando tengo una decisión difícil que tomar, pienso en ella. Para mí, representa la sabiduría, iluminando el camino a todos los que la buscan, pero a la vez armada con una espada para cortar lo que es falso. La sabiduría tiene que ver con ambas cosas, por eso a veces constituye una lección difícil de aprender.

Si tuviera que escoger uno de los principios y habilidades que más me ayudan a sentirme libre sería aprender a usar la espada. Las personas bien intencionadas, especialmente mujeres, necesitan que se les exprese cariño. Sin duda, fue la gran falla de Pedro al buscar la aprobación humana lo que hizo que negara a Jesús tres veces. Nosotros parecemos dispuestos a aprender cualquier palabra excepto el vocablo *no*. Mientras más deseamos servir, más valiosos y atractivos somos para los demás. Por eso, siempre debemos tener a mano la palabra no, en particular cuando las oportunidades empiezan a multiplicarse exponencialmente frente a usted.

Jesús fue un maestro para eliminar lo falso... tratárase de la hipocresía de los fariseos o de las relaciones ilegítimas de la mujer en el pozo. Fue tenaz en cuanto a que la gente se liberara de sus ataduras y disfrutara de la libertad. En el desierto, le dijo tres veces «¡No!» al diablo. Y lo mismo a Pedro cuando este quiso hacerlo cambiar los planes y el camino hacia su destino. Su silencio cuando estaba siendo juzgado cortó como un cuchillo los corazones de aquellos que lo estaban acusando falsamente, víctimas de sus propios temores.

He estudiado y memorizado muchos poemas escritos por el poeta Rumi. Me gustan porque a menudo son muy breves y van al punto. En uno de ellos, él dice: «El Salón del Amor tiene diez mil espadas. No tengas miedo de usar una». He citado este pasaje muchas veces a personas con las cuales he trabajado, sea en los seminarios *Path* o en la consulta privada. No pasa mucho antes que se me haga claro que lo que los está afectando a ellos es algo que necesita ser quitado de sus vidas: una creencia errónea, una «asignación» distractiva, una relación inconveniente. El problema es que nosotros, como humanos, tenemos la tendencia a aferrarnos a lo que nos es familiar aunque se trate de algo que nos perjudique.

Estoy segura que si se toma el tiempo, se tranquiliza y aquieta y pide en oración: «¿Qué necesito eliminar de mi vida?» la respuesta vendrá. La cuestión es: ¿Está usted dispuesto a hacerlo?

Jesús le enseñará a usar la espada.

PREGUNTAS

1. ¿Qué necesita eliminar de su vida?
2. ¿Está dispuesto a hacerlo?

3. ¿Por qué?

4. Imagínese por cinco minutos lo que sería sentirse libre de esa atadura.

5. Imagínese eso que lo ata y restringe como una enredadera que quiere enrollarse en sus piernas y hundirlo en un pantano. ¿Con qué rapidez y decisión reaccionaría ante esa amenaza?

6. ¿Por qué no hace eso ahora mismo?

Querido Señor:
Tú me has dado la espada de tu Espíritu. Ayúdame a usarla bien y sabiamente. Amén.

REDEFINIRÁ
LA REALIDAD

ÉL OS GUIARÁ A TODA LA VERDAD.
—JUAN 16.13

Con la abrumadora cantidad de programas llamados reales en la televisión hemos elevado el mirarnos el ombligo a la categoría de arte fino. Nos vemos a nosotros mismos reflejados en la televisión. Creamos situaciones artificiales y luego las llamamos TV real. ¿Qué es realidad? Según el diccionario *Larousse*, realidad es «calidad de real. Cosa o hecho real».

El experto en liderazgo Max DuPree dice que la primera responsabilidad de un líder es definir la realidad. Yo podría sentarme y meditar en esta afirmación por un largo, largo tiempo.

Según el filósofo William James, uno de los más grandes descubrimientos del siglo veinte es el poder del pensamiento humano para crear realidad. Si mira alrededor, en el cuarto donde se encuentra sentado ahora, se va a dar cuenta que está rodeado de pensamientos que han llegado a ser realidad. Alguien pensó en la computadora en la que me encuentro escribiendo como en la silla donde estoy sentada, como en la casa donde vivo. Todo comienza en alguna parte como un esbozo y eso es, precisamente, lo que hace que la fe sea algo tan excitante y tan imperativo. Si pudiera hacer solo una cosa para cambiar el mundo, creo que sería ayudar a la gente a entender la necesidad de ser más específica con su fe.

Una compañía no lucrativa que comencé, *Path Community Services*, fue distinguida con un donativo por el Departamento de Justicia. El propósito del donativo es ayudar a la juventud en riesgo en El Paso, Texas. Específicamente, tratamos de enseñarles a los muchachos nuevas formas de concebir su propia realidad, basados en principios sobre economía de tiempo y en el desarrollo de las habilidades. Yo creo que cada persona, consciente o inconscientemente vive un libreto que se le ha dado. La pregunta que surge es: ¿Quién escribió ese libreto?

Cuando Jesús se encontró con la mujer en el pozo, su libreto era básicamente: «mujer caída, viviendo en pecado, escondiéndose de la sociedad».

Jesús se encontró con ella donde estaba y le dio un nuevo libreto: «mujer valiente, contenta por la vida, comunicándose con sus amigos, respaldando un nuevo movimiento».

En *An Essay on Man*, Alexander Pope escribió: «Actúe bien su parte, en eso radica todo el honor». Cada día veo en las noticias a personas actuando sus partes con gusto y fervor, pero a veces sus papeles necesitan cambiarse. Liderazgo es el arte de cambiar los papeles o reescribir los libretos, o redefinir la *realidad*.

Nosotros nos vemos como nuestras historias. Y esa es la razón por la cual necesitamos volver a mirar las historias que estamos viviendo y preguntarnos si es esto lo mejor que podemos hacer.

Un antiguo místico del desierto dijo una vez que somos como los nómadas, arrastrando los mismos camellos (y excusas) de pueblo en pueblo.

La esencia del cristianismo es que, básicamente, a cada persona se le da una parte nueva, un nuevo libreto, una nueva realidad. Pablo lo dijo en una forma muy hermosa: «De modo que si alguno está en Cristo, nueva criatura es» (2 Corintios 5.17).

Hay un momento cuando las cosas pueden cambiar. Uno de los ladrones en la cruz llegó a ser huésped del paraíso. Un asesino vengador llegó a ser un apóstol lleno de amor. Una prostituta llegó a ser un ejemplo de amor divino.

Cambios radicales en el libreto. Nuevas realidades. Todo por Cristo y su divina fe en usted y en mí.

Cuando trabajo con jóvenes, les pido que hagan este ejercicio: Imagínense que Steven Spielberg ha adquirido los derechos de la historia de su vida. Su deseo es hacer una película sobre usted y ha comisionado a tres escritores para que escriban el guión y se lo presenten. Un guión será sobre su vida como es ahora, como si nada hubiese cambiado. El segundo guión contendrá un cambio de algún tipo, sea que haya conocido a alguien o se haya mudado a otro lugar. El tercer guión es el más escandaloso de todos: usted se ha transformado en una persona totalmente nueva, quizás la que siempre quiso ser, haciendo las cosas que siempre soñó. ¿Cómo sería este último guión?

Si puede llenar los espacios en blanco en este guión, entonces usted tiene imaginación.

Si puede ver los espacios en blanco llenos, entonces tiene fe.

Y si tiene fe, tiene su nueva realidad.

Jesús definió la realidad.

PREGUNTAS

1. ¿Qué antiguas historias, como los viejos camellos, va arrastrando consigo?

2. ¿Cómo reaccionaría si hoy le ofrecieran un nuevo libreto? ¿Lo aceptaría?

3. ¿Cree que está predestinado a la mediocridad?

Querido Señor:
Tú eres el Autor de la realidad. Enséñame cuál es la mía. En tu nombre. Amén.

Se le harán preguntas que tendrá que fundamentar

Y VOSOTROS, ¿QUIÉN DECÍS QUE SOY YO?
—MATEO 16.15

Mi primera entrevista por radio fue memorable. Cuando el entrevistador me hizo una pregunta, sonreí y me dispuse a contestarla. Él cubrió el micrófono con la mano y me recordó que tenía que hablar bastante alto para que la audiencia pudiera oírme.

También me di cuenta que él hacía preguntas que exigían una respuesta fundamentada, evitando que cualquier interrogante pudiera contestarse con un sí o con un no. Eso significaba que yo tenía la oportunidad de explicar mi posición y mi material. También quería decir que él tendría que hablar menos.

Ayer precisamente, recibí un correo electrónico. Un editor de otro país quería comprar los derechos de mi libro *Teach Your Team to Fish*. Me preguntaba si podría eliminar las preguntas al final de cada capítulo ya que su país no era por naturaleza muy religioso. Me pareció interesante que quisieran comprar los derechos de un libro sobre las cualidades que tenía que tener un equipo formado por Jesús y que consideraran que no era un libro religioso. También me pareció interesante, y un poco doloroso, que quisieran eliminar las preguntas. (Concedí el permiso, agradecida que Jesús pudiera llevarse a un ambiente previamente poco religioso.)

Para mí, cualquier transformación pasa por la ayuda de las preguntas. Podemos sentarnos y leer u oír una conferencia todo el día, pero nunca compenetrarnos con el material. Cuando se nos enfrenta a responder preguntas sobre el material, eso ya tiene otras implicaciones.

El autor Peter R. Scholtes dice en *The Leader's Handbook*: «En la antigua organización hacíamos preguntas con 'quién': ¿Quién es responsable? ¿Quién hizo esto? En la nueva organización las preguntas son con 'por qué' o 'cómo': ¿Por qué tuvo que ocurrir este problema? ¿Cómo podemos mejorar el sistema y eliminar la causa de este asunto?» También dice que el nuevo líder como entrenador busca establecer relaciones de cooperación con trabajadores más que con comandos y controles. Los que están dirigiendo tendrán un tiempo de más desafío aprendiendo a hacer buenas preguntas, aun tratando de dar consejos o reprimendas, diciendo cosas tales como: «¿Qué le hizo pensar que esa era la mejor alternativa?»

Jesús fue famoso por este tipo de preguntas. Por ejemplo, aquí hay algunas de las que hizo:

«¿Quieres sanarte?»
«¿Quién dicen que soy yo?»
«¿Velarán conmigo?»
«Felipe, ¿cómo vamos a alimentar a esta gente?»
«¿Por qué me llamáis Señor, Señor, pero no hacéis las cosas que yo os digo?»

Las preguntas abiertas comunican una cantidad de significados. Por un lado, comunican respeto: «Respeto tu opinión en este asunto y estoy esperando una respuesta». También comunican conexión: «Tú y yo estamos juntos en esta conversación, eso quiere decir que este no es un programa de una sola vía. Ahora es tu turno de crear y contribuir». Transmiten continuidad. Debido a que este tipo de preguntas mantienen el diálogo activo, las ideas importantes que están analizándose tienen la oportunidad de crecer, respirar y continuar. No hay nada más frustrante que participar en una conversación de una sola vía en la que uno tiene que hacer todo el trabajo conversacional mientras la otra persona simplemente da respuestas monosilábicas.

Es cuestión de leer de nuevo los evangelios para darse cuenta cuánto gustaba Jesús del diálogo y hablar de las cosas de Dios. De hecho, uno de los ideales de un judío varón en esa sociedad era poder sentarse junto a las puertas y hablar de Dios todo el día (mientras su esposa realizaba los deberes descritos en Proverbios 31). Pero muchas de nuestras tradiciones religiosas han transmitido a Dios desde diálogos y discusiones a pronunciamientos monosilábicos, enfatizados con tronadas y golpes de martillo de juez.

En nuestros apuros por buscar certezas nos olvidamos de las preguntas.

En nuestro deseo por conocer, no nos preocupamos por entender lo que puede venir solo a través de preguntas que exigen respuestas razonadas, quedando atrapados en vueltas y remolinos tratando de encontrar el camino de salida.

¿No es la vida realmente una pregunta abierta?

¿A quién, entonces, va a servir?

Jesús hizo preguntas abiertas.

PREGUNTAS

1. ¿Quién lo involucra a usted en el diálogo?

2. ¿Los asuntos de quién, le definen?

3. ¿A qué persona se siente más conectado?

4. ¿Por qué cree que a Jesús, el Hijo de Dios, le gustaba tanto hacer preguntas?

Querido Señor:
Me encanta hablar contigo, pensar contigo, explorar contigo. Gracias por tener una mente receptiva, llena de preguntas descubridoras. Amén.

Identificará
su fuente de luz

En tu luz veremos la luz.
—Salmos 36.9

Crecer teniendo a una artista como madre me ha dado una aguda apreciación por cualquiera que puede ver la belleza de un cuadro por pintar.

Recientemente cuando me tomé un tiempo para reenfocar mi vida y mis energías, decidí tomar unas clases de arte en una universidad local. Aunque tenía aspiraciones de descubrir un pozo de talento que hubiera sorprendido y deleitado a las masas, decidí seguir el sabio consejo de mi madre y tomar clases de fundamentos de pintura. Como ya había estudiado diseño y composición en mis días de periodista y cuando editaba mi anuario de recuerdos escolares, quería saltarme las primeras lecciones y entrar de una vez en la clase de pintura.

Pero el pensamiento de la entrenadora era otro. Me hizo hacer una serie de ejercicios de dibujo sin haber siquiera echado una ojeada a la página donde estábamos dibujando. Más tarde, explicó que esos ejercicios tenían el propósito de ayudarnos a ver el objeto que estábamos dibujando *como realmente* es y no como nosotros *creemos que* se ve. También quería que nos soltáramos y mantuviéramos nuestras manos moviéndose sobre el papel. (No hay nada más atemorizante que un pedazo de papel en blanco, en la clase de arte como en la vida.)

Otra lección era dibujar objetos simples sobre una mesa. La entrenadora dijo: «Antes de comenzar a dibujar primero deben identificar su fuente de luz. Por ejemplo... con este jarrón sobre la mesa frente a mí... ¿de dónde viene la luz?» Vimos que la luz venía de la ventana del lado izquierdo del salón. «Saber de dónde viene la luz afectará totalmente su dibujo. Aspectos tales como la sombra, la profundidad, el volumen son afectados en mayor medida por la fuente de luz. Aprendan a identificarla antes que comiencen a dibujar. Si interrumpen su trabajo y vuelven a continuarlo más tarde, recuerden que deberán tener la misma fuente de luz».

Desde entonces, he pensado muchas veces en esa lección. Probablemente la fuente fundamental de cualquier condición humana puede ser rastreada a través de esta pregunta única: ¿Dónde está la fuente de luz?

Jesús quería que la gente identificara su fuente de luz. Cuando le dijo al joven rico que fuera y vendiera todo lo que tenía y el producto lo repartiera entre los pobres, le estaba diciendo, en esencia: «Busca tu fuente de luz y no permitas que sea el dinero».

Cada vez que tengo un problema o cuando instruyo a personas que están pasando por obstáculos, veo que una de las primeras cosas que hay que definir es de dónde llega la luz.

En una ocasión en que daba consejería a un grupo de pastores, me dijeron que el problema número uno que tenían era agotamiento. Les pregunté si estaban tomando su día de descanso semanal. Se rieron y me contestaron: «¿Día de descanso semanal? ¡Somos pastores! ¡Nosotros trabajamos los siete días de la semana!»

Les dije lo importante que era que tomaran un día completo de descanso, recordándoles que el propio Dios, el Creador del universo, no trabajó 24x7. Todos estuvieron de acuerdo, pero cuando les volví a preguntar cuándo empezarían a tomar su día semanal de descanso, ninguno quiso comprometerse a hacerlo. En cambio, me dijeron: «Laurie Beth, estamos de acuerdo con usted, pero no conoce a nuestras congregaciones. Venga y hable con ellos que son nuestros patrones y dígales la necesidad que tenemos de descansar».

Tuve que tragar dos veces mientras hacía esfuerzos por asimilar lo que acababa de oír. Moviendo la cabeza, les dije: «¿Se dan cuenta de lo que acaban de decirme? Déjenme preguntarles: "¿Quién es su jefe?"» La sala se llenó de silencio. Era claro para mí, y quizás dolorosamente para ellos, que en realidad no estaban sirviendo a su Jefe, sino que tenían muchos jefes. Si estaban, entonces, usando la aprobación pública como su fuente de luz, no es de extrañar que estuvieran viviendo vidas exhaustas y cargadas con agendas conflictivas.

Precisamente, el primero de los Diez Mandamientos que decimos conocer dice: «Yo soy Jehová tu Dios... No tendrás dioses ajenos delante de mí» (Éxodo 20.2-3). Los problemas de los antiguos cristianos se debían a la falta de claridad respecto de cual era su fuente de luz y de dónde venía. En el libro de Romanos, Pablo los exhorta a no dejar que las obras y acciones fueran su fuente de luz sin importar lo religiosos y nobles que pudieran ser.

Cuando Jesús volcó las mesas de los que cambiaban dinero en los atrios del templo, estaba declarando que estaban usando el dinero como su fuente de luz en lugar de Dios, aun cuando hacían su trabajo a la sombra del templo mismo. Jesús dijo: «No podéis servir a Dios y a las riquezas» (Mateo 6.24). Él estaba constantemente insistiendo para que sus seguidores reconocieran que Dios, y solo Él, era su Fuente de luz.

En el libro y la película *White Oleander* de Jane Fitch, una jovencita es puesta al cuidado del sistema de padres adoptivos después que su madre (la única pariente viva) comete un asesinato. Mientras la trabajadora social la lleva a su nuevo hogar sustituto, le dice: «Te va a gustar el lugar. La señora de la casa tiene un corazón de oro».

Al llegar a la casa, la jovencita se encuentra con su madre sustituta, que se presenta mascando chicle, vestida con un pantalón ajustado que le llega a la cadera y fumando. Inmediatamente después de la presentación, le pregunta a la niña: «¿Has aceptado a Jesús como tu Salvador personal?» La chica no dice nada. Entonces la mujer agrega: «Bueno. Tendrás que hacerlo. Él me ha salvado a mí de todos mis pecados y Él puede salvarte a ti de los tuyos».

Lo irónico y trágico de la situación se hace evidente cuando la mujer le presenta a su novio, Ray, que tiene ojos y manos muy inquietos. Cuando Ray intenta algunos avances con la chica, la madre sustituta se enfurece y la echa de la casa porque «Ray es lo mejor que me ha ocurrido». Cuando la chica la persuade para que le permita quedarse, la situación se pone peor. En una escena horrible, la madre sustituta toma un revólver y le dispara a la niña «porque ella está tratando de quitarme mi hombre». El corazón de oro que cuelga del cuello de esta mujer y sus palabras de que conoce a Cristo son una retórica hueca porque la verdadera fuente de «luz» en su vida es un hombre que no vale mucho.

Horrorizados, vemos como altos ejecutivos de las más grandes empresas mundiales son llevados esposados a la cárcel. ¿Quién y qué eran su fuente de luz? Sacerdotes y obispos son llevados presos esposados. ¿Quién era su fuente de luz? Túnicas y palabras religiosas, lujosas oficinas y grandes cuentas en el banco no ofrecen automáticamente luz. Jesús fue inflexible en señalar que solo Dios puede ser nuestra Luz.

Me pregunto si Jesús no estaría hablando al artista que hay en cada uno de nosotros cuando dijo: «La lámpara del cuerpo es el ojo; así que si tu ojo es bueno, todo tu cuerpo estará lleno de luz; pero si tu ojo es maligno, todo tu cuerpo estará en tinieblas» (Mateo 6.22-23).

Palabras sobrias. El escritor Jim McMillen escribió en su libro, *When I Loved Myself Enough*: «Me he dado cuenta que cuando estoy sintiendo dolor es porque estoy viviendo fuera de la verdad».

Jesús dijo la misma cosa. Recuerde de dónde viene su luz y entonces podrá comenzar a ver, aun cuando las cenizas se disfracen de guirnaldas.

Preguntas

1. ¿Dónde está su pena o confusión emocional en su vida hoy?
2. ¿Será porque usted está buscando inspiración en otra fuente de luz y eso no le está funcionando?

Querido Señor:
Ayúdame a recordar que tú eres mi Fuente de luz en cada situación, aun cuando parezca que me encuentro sumido en la oscuridad. Amén.

Podrá evaluar su buena disposición

¿Quieres ser sano?
—Juan 5.6

Briana, la nieta de cinco años de mi amiga Catherine, me dio hace poco algunas ideas de la importancia de la buena disposición. Catherine había pasado bastante tiempo ayudando al hermano mayor de Briana, Cal, a labrar una calabaza. Cal y Catherine usaban varios juegos de cuchillos y adhesivo para labrar la más elaborada calabaza que Cal podía imaginar. Tenía que incluir pies, además de la cara.

Cuando le correspondió a Briana tallar la suya, Catherine le explicó que puesto que ella era más pequeña no podía usar todos los cuchillos que Cal empleó y que quizás deberían tallar una cabalaza que solo tuviera un rostro feliz en lugar de una que también tuviera pies. Briana dio un gran brinco al escuchar eso, luego buscó los cuchillos más complicados y dijo con una voz llena de desdén: «¡Abuelita, yo no quiero una calabaza que no vaya a ninguna parte!»

A veces pienso que nosotros, y especialmente los cristianos, somos como esas calabazas de rostros sonrientes pero que no tienen pies. La sonrisa es fantástica, pero no estamos preparados para ir a otras partes con esa sonrisa.

Siempre me llama la atención la forma congruente en que Jesús quiso conocer la disposición de sus «clientes» antes de tratar con ellos. «¿Quieres ser sano?» parece una pregunta hecha a la pasada a un hombre que había permanecido inválido la mayor parte de su vida. Jesús no quería simplemente liberarlo de su esterilla, a menos que el hombre estuviera dispuesto a que tal cosa ocurriera.

Personas que han pasado de terapeutas a entrenadores dicen que la mayor diferencia entre terapia e instrucción es que la terapia puede mantener a la gente con su problema durante años sin que se vea un progreso efectivo. En cambio, con la instrucción, el énfasis total está en: «¿A dónde quiere ir ahora?» Los buenos entrenadores no quieren desperdiciar su tiempo, o el de sus clientes, tratando de sacarlos adelante si sus mentes y corazones no están dispuestos.

El predicador y escritor Erwin McManus dice en su libro *An Unstoppable Force* (Group Publishing, 2001) que los pastores y líderes no necesitan preocuparse en cambiar lo que las personas creen. Para él, «básicamente todos creemos lo mismo. Lo que tenemos que cambiar es la actitud hacia lo que creemos. Pero solo cuando realmente nos interesa algo estamos dispuestos a hacer algo».

En su libro *Sins of the Spirit, Blessings of the Flesh: Lessons for Transforming Evil sin Soul and Society*, Matthew Fox afirma que hemos llegado a ser una sociedad débil y sin voluntad debido al pecado de la desidia. Y define desidia como «una forma cínica de pereza, aburrimiento y arrogancia». Dice: «Nuestra cultura está cansada de la palabra pecado y una razón para estar cansados de esa palabra es que estamos cansados de todo. Somos una especie hecha para la cosmología pero nuestra cultura nos ha hecho adictos a comprar y al entretenimiento. En resumen, se nos han cortado las alas para alcanzar lo más grande del universo y, como resultado, somos aburridos, monótonos y violentos». Demasiados de nosotros estamos viviendo en esa «saliva» tibia de la que Jesús habló con tanta contundencia en el Nuevo Testamento. No estamos listos para el cambio porque somos aburridos y monótonos.

Sin embargo, en Tucson hay una iglesia donde la gente se reúne a las 11 de la mañana los domingos y luego salen a la comunidad a dar comida a los hambrientos, a limpiar las paredes llenas de *graffitti* y a hacer otras buenas obras. A esta experiencia ellos la llaman «adorar» (www.worship.org).

Jesús como entrenador está listo para empezar a trabajar. ¿Lo está usted?

PREGUNTAS

1. ¿En qué áreas de su vida es usted como aquella calabaza de rostro sonriente que no tiene pies?

2. ¿En qué áreas de su vida ha llegado a ser aburrido y monótono?

3. ¿Qué acciones podría identificar en usted, un observador casual, como reveladoras de su disposición a aprender y vivir?

Querido Señor:
Cuando vienes a mí y me preguntas si quiero ser sano, digo: «Sí». Cuando vienes a mí y me preguntas si quiero vivir, digo: «Sí». Estoy listo, Señor. Tómame, guíame, pódame y muéstrame lo que es realmente estar vivo. Y, por sobre todo eso, tállame nuevos pies. Amén.

TENDRÁ UN PLAN DE EDUCACIÓN INDIVIDUALIZADO

OH JEHOVÁ, TÚ ME HAS EXAMINADO Y
CONOCIDO. TÚ HAS CONOCIDO MI
SENTARME Y MI LEVANTARME; HAS ENTENDIDO
DESDE LEJOS MIS PENSAMIENTOS.
—SALMO 139.1-2

En el libro *The Heart of Coaching*, por Thomas G. Crane, el autor describe una interesante perspectiva de las necesidades de varias generaciones y formas de conectarse con ellas. La generación tradicionalista, integrada por los que nacieron entre 1925 y 1945 creció con la Gran Depresión y la II Guerra Mundial. Los tradicionalistas aprecian las luchas y los sacrificios y están familiarizados y se sienten cómodos controlando y posponiendo los placeres. Respetan a la autoridad, buscan los trabajos estables y la seguridad y son leales con sus empleadores. Ellos y sus padres raramente se divorcian.

Los *boomers*, que nacieron entre 1946 y 1964, crecieron en una era de revolución sexual, expansión económica y consumismo. Se divorcian a menudo, dan gran importancia a sus sentimientos, critican a la autoridad y ponen el desarrollo de sus carreras profesionales primero en sus listas. Les gusta la variedad, el éxito y la flexibilidad en sus compromisos. Ellos creen que «mi vida es trabajar».

Los *xers* o *yiffies* son los que nacieron entre 1965 y 1980 y les gusta aprender, involucrarse, el estímulo y la diversión. Quizás por ser hijos de padres divorciados no aceptan la teoría de vivir para trabajar, sino más bien, trabajar para vivir. Todo lo que les interesa es la interconexión y la tecnología. En el libro *Values Shift*, de John P. Izzo y Pamela Withers, leemos que la generación de los xers busca un lugar de trabajo que les dé un sentido de misión e importancia.

También se nos dice que aprecian la preparación como una recompensa y que prefieren trabajar en equipos. Este aspecto del trabajo en equipo también se percibe en la generación preadolescente. Estos tienden a usar cosas de marca que les ayuden a identificar quienes son y buscan a quienes los convenzan sobre cómo vestir, qué comer y qué música escuchar.

Recuerdo cuando trabajé con el pastor Ed Smith y su increíble equipo de *Zoe Christian Fellowship* en Whittier, California. James T. Harris, amigo y promotor de *Path*, voló hasta allí para trabajar con los adolescentes de la iglesia mientras yo entrenaba a los adultos. (En *Path*, los promotores son aquellos que han sido preparados individualmente para ayudar a otros a identificar su misión y visión en la vida. Para más información sobre esto, visite mi sitio www.lauriebeth-jones.com.) Era un fin de semana completo con 50 adultos y 250 jóvenes de la iglesia trabajando en cosas tales como aprender sus materiales, dibujando sus escudos de talentos y escribiendo en una sola frase sus propósitos y misión.

Leticia, una niña de ocho años de edad que vino adelante acompañada con dos amigos para presentar sus escudos de talentos, activó mi memoria. Se acercó al micrófono, mostrando orgullosa su escudo de talento, y dijo: «Soy muy buena para hacer reír a la gente, razón por la cual dibujé un rostro feliz. Soy muy buena para decorar, por eso hice un dibujo de mi cuarto. Soy buena para las matemáticas, por lo que dibuje números aquí y soy una gran actriz, por lo cual me he dibujado recibiendo un Oscar».

Alzó su escudo mientras la audiencia aplaudía y gritaba, después de lo cual se fue a sentar. Sus dos amiguitas la siguieron en silencio hasta sus propios asientos. Les pregunté por qué no habían hablado ellas también ante el micrófono. Y me respondieron: «¡Oh, no! ¡Nosotros solo fuimos para apoyarla!»

Mientras mi generación creció admirando al Llanero Solitario y la individualidad, *Wild West* hablaba a la generación de niños nacidos después de 1980 de equipos y de grupos. A los jóvenes no les gusta pensar o actuar solos tanto que incluso posponen el matrimonio y establecer una familia para poder mantenerse unidos a sus amigos.

Un entrenador sabio entiende que no todos pueden tratarse de la misma manera. Ni todos responderán a las mismas iniciativas.

En un pasaje de los evangelios se nos cuenta cuando Pedro se quejó de una asignación que se le había hecho a Juan. Jesús lo reprendió, diciéndole: «¿Qué te importa a ti lo que yo pida a otro que haga?» Con esa respuesta, el Señor estaba aclarándole que Él quería trabajar con una persona de cierta manera y tenía una forma distinta de trabajar con otra.

El relato, que lo encontramos en Juan 21.20-22, dice así: «Volviéndose Pedro, vio que les seguía el discípulo a quien amaba Jesús... Cuando Pedro lo vio, dijo a Jesús: Señor, ¿y qué de este? Jesús le dijo: Si quiero que él quede hasta que yo venga, ¿qué a ti? Sígueme tú». Aquí Jesús está diciendo que tiene un plan individual y una enseñanza para cada persona con la que trabaja. No todos serán llamados a hacer la misma cosa o seguir el mismo sendero.

Cuando se trata de instrucción, no siempre resulta un modelo igual para todos. Cada persona es un individuo que responde a un plan hecho a su medida. Todo aquel que ha sido padre conoce esta verdad inherente a los niños. Lo que opera con Susie puede no resultar con Sam, sin importar cuán cercanos sean el uno del otro. Pero nuestro sistema educacional así como nuestros paradigmas de liderazgo empresarial a menudo asumen que un tamaño sirve para todos.

Algunos de mis amigos están en el campo educacional. A menudo protestan porque a los niños se los agrupa y enseña según su edad, cuando sería mucho mejor que se les agrupara y enseñara de acuerdo a sus capacidades. A los alumnos con necesidades especiales se les da lo que se conoce como un PEI (Plan de Educación Individual), que es diseñado cuidadosamente y monitoreado por terapeutas tanto como por profesores, las autoridades de la escuela y otros. Qué bueno sería que todos los estudiantes tuvieran un Plan de Educación Individualizado. Creo que todos los adultos también deberían tener uno.

Una vez me reuní con una cliente entrenadora después de haberla observado y logrado conocerla a través de un tiempo. Había asistido a uno de nuestros seminarios *Path*, lo que me permitió dieciséis horas de observación, además de otra cantidad de horas que pasamos juntas cuando me presentó a algunos de sus amigos, familiares y compañeros de trabajo. Cuando nuestra labor juntas estaba llegando a su fin, me dijo: «¿Qué cree usted que es lo que más necesito?»

Sonreí y le dije: «¿Quiere que le prepare un PEI exclusivo para usted?» Después de explicarle lo que era un Plan de Educación Individualizado, manifestó un profundo deseo de tenerlo. De modo que tomé una libreta de papel y le dije: «He observado que usted está en su mejor forma cuando tiene una cantidad de proyectos en desarrollo. Necesita tener algo bajo su completo control y autoridad y ser parte de una organización sombrilla más grande que le dé un sentido de equipo, de protección y apoyo. Usted no requiere de supervisión, pero sí anhela retroalimentarse. De modo que voy a distribuir su tiempo así: treinta por ciento para sus propios proyectos, cincuenta por ciento para proyectos en equipo y veinte por ciento para proyectos que la mantengan conectada y que le demanden solo tareas rutinarias». Rápidamente le escribí el plan en una hoja de papel y se lo entregué.

Se sintió feliz con la hoja de papel en sus manos. «¡Esta soy yo!», decía. «Es exactamente lo que estaba necesitando».

Cuando Jesús sea su entrenador, usted también recibirá un Plan de Educación Individualizado. Se le presentarán retos que son justos para su capacidad y expectativas.

Hay una película que trata de un cadete a quien su supervisor le hace pruebas constantemente. Cada vez que no puede identificar lo que es una prueba o un peligro real su mente entra en una especie de zona de penumbras. Lo que la película pretende enseñar es que «esto es solo una prueba».

Creo que eso también es verdad en cuanto a la vida. Que estamos en esta tierra para aprender cómo desarrollar nuestros talentos y habilidades que pondremos en uso en el cielo. A quienes son fieles en lo mucho se les dará más. Y aquellos que malgastan lo que tienen descubrirán que se les dará menos.

Si algo me dice el evangelio, es que Jesús fue el Maestro de un acercamiento a Dios personalizado y relacional. Esto lo hace el candidato perfecto para que sea el entrenador suyo y mío.

Jesús miró a cada individuo a los ojos y le dijo: «Te estoy viendo». El programa de instrucción que Él diseña para usted no será el mismo que diseñe para mí.

Aunque la ciencia puede decirnos que tenemos DNA en común con criaturas de cuatro patas, conozco gemelos que no son ni remotamente iguales. Estudios recientes revelan que, después de todo, los clones no tienen las mismas células. Algo, de algún modo, a pesar de nuestros mejores esfuerzos científicos, se inserta en el ser en el último minuto para hacerlo «único en su especie».

Jesús conoce cada cabello de nuestra cabeza... y estuvo con usted en el vientre antes que naciera. ¿Por qué no consultar con Él cada día, para saber no solo por qué lo hizo, sino también qué pensó exactamente que sería usted cuando lo creó?

Jesús le dará un Plan de Educación Individualizado.

Preguntas

1. ¿Cuáles son los retos que ha enfrentado recientemente?

2. ¿Será posible que esos retos hayan sido específica e individualmente diseñados para su desarrollo?

3. ¿Qué parte del desarrollo no le gusta?

4. Si rechaza sus actuales retos, ¿de dónde espera que venga su desarrollo?

Querido Señor:

Tú has diseñado un juego individualizado de retos para mí, específicamente elaborados para que me ayuden a crecer hasta la plenitud que tienes para mí. Ayúdame a no rechazar lo que está ante mí, llévame adelante con fe, confianza y valor. Amén.

LO VERÁN

HABIENDO ENTRADO JESÚS EN JERICÓ, IBA
PASANDO POR LA CIUDAD. Y SUCEDIÓ QUE UN
VARÓN LLAMADO ZAQUEO, QUE ERA JEFE DE LOS
PUBLICANOS, Y RICO, PROCURABA VER QUIÉN ERA
JESÚS; PERO NO PODÍA A CAUSA DE LA MULTITUD,
PUES ERA PEQUEÑO DE ESTATURA.
Y CORRIENDO DELANTE, SUBIÓ A UN ÁRBOL
SICÓMORO PARA VERLE; PORQUE HABÍA DE PASAR
POR ALLÍ. CUANDO JESÚS LLEGÓ A AQUEL LUGAR,
MIRANDO HACIA ARRIBA, LE VIO, Y LE DIJO:
ZAQUEO, DATE PRISA, DESCIENDE.
—LUCAS 19.1-5

Quizás muchos de nosotros podamos relacionarnos con Zaqueo, el hombre que prefería ver las cosas de lejos. Tal vez estaba arriba del árbol porque era pequeño y no podía ver por encima de la multitud. O quizás quería poner un poco de distancia entre él y lo que significaba la presencia allí de ese tal Jesús. Imagine su sorpresa cuando Jesús se detuvo, lo miró arriba del árbol, y le dijo: «Zaqueo, te estoy viendo. Baja de ahí y vamos a hablar un poco, cara a cara».

Yo tengo una relación única, personal, con Jesús. Esa relación no es ni se puede parecer a la suya con Él. Si no fuera así, no sería única.

Comencé a amar a Jesús desde que era adolescente. Pensé que sería lindo que tuviéramos apodos, y los tuvimos. También quise que tuviéramos un pequeño rito que fuera únicamente nuestro. Le voy a contar cuál era. Le pedí que cada vez que pensara en mí me mandara una lorita. Fue un ruego sencillo que hice años atrás. Pero desde entonces no dejo de maravillarme y deleitarme por cuán ingenioso, romántico e inteligente puede ser Jesús.

Estos hechos son reales.

Una vez estaba en Toledo, Ohio, manejando bajo una tormenta de nieve. Estaba cansada y muy desanimada y nada de contenta con el trabajo de consultoría que tendría que hacer allí a pesar de que amo a la gente. Salí del auto, me volví a ponerle llave, cuando veo en el parabrisas una lorita. ¡En medio de una tormenta de nieve! Es una historia verdadera.

La siguiente.

Me encontraba sola en un cuarto de hotel en un pequeño pueblo cerca de Dallas, Texas, preparándome para hablar a un grupo de capellanes del sistema penitenciario. Me sentía cansada. Había tenido un largo viaje en avión. Me estaba preguntando por qué habría aceptado esa responsabilidad en particular. Tenía hambre. Los restaurantes estaban cerrados. No había servicio a los cuartos. Suspiré, me senté y me dispuse a revisar mis correos electrónicos en la computadora. Al levantar la pantalla de mi computadora portátil vino a pararse precisamente allí una lorita. Estaba en un cuarto de hotel, con las ventanas cerradas, en un pueblo desierto, durante el invierno. Dios me estaba diciendo: «Te estoy viendo. Te amo. Estoy contigo».

Una tercera historia verídica.

Me encontraba en Bahamas, disfrutando de un compromiso en particular. Faltaban dos horas para mi presentación, así que decidí nadar un poco. Serían las cinco de la mañana cuando me dirigí a la piscina, me metí en el agua y empecé a chapotear. Y allí, en medio de la piscina, flotando justo ante mí, había una lorita. Dios me estaba diciendo: «Te estoy viendo. Estoy contigo. Te amo».

Usted también puede hacer eso. Una amiga tiene un acuerdo similar con Dios, solo que con mariposas blancas. (Se dice que Juana de Arco también tenía este arreglo con Dios y a menudo se la veía marchando al campo de batalla rodeada de mariposas blancas.) Otra amiga acordó con Dios para encontrar monedas de un centavo donde menos se esperaría. Y dice que cada día, en el lugar donde se encuentre, siempre encuentra un centavo lo que le hace recordar que Dios está pensando en ella. Un día le diagnosticaron cáncer del seno. Mientras yacía en un cuarto de hospital, esperando la cirugía, se dio cuenta que por primera vez en veintiséis años había pasado un día sin encontrar una moneda de un centavo del cielo. En eso estaba cuando se acercó un enfermero y le dijo: «Estaba saliendo de mi turno cuando encontré esta moneda de un centavo al lado fuera de su cuarto. Por alguna razón sentí que tenía que traérsela a usted». Dios le estaba diciendo: «Te estoy viendo. Te amo. Yo estoy aquí».

Mi hermana Kathy experimentó una asombrosa muestra de una comunicación personal y tierna de parte de Dios. Kathy y nuestra abuela, Mamgu (se pronuncia «maam gi», que quiere decir abuela en galés), tenían una relación muy estrecha y amorosa. Al entrar en años, Mamgu le dijo a mi hermana: «Kathy, quiero darte algo que siempre te confortará como lo ha hecho conmigo a través de los años». Fue al ropero y sacó una hermosa tetera color azul cobalto con filigranas de oro en los bordes. Le dijo: «Me la dio mi abuela y yo quiero dártela a ti. Cada vez que le levantes la tapa, quiero que sientas mi presencia contigo». Mamgu murió poco después y Kathy conservó la tetera como un tesoro muy especial.

Una noche se desató una tormenta eléctrica en el lugar donde Kathy y su familia vivían en el campo. Una llamarada salió del toma-corriente en el cuarto de mi sobrina Tara. El fuego alcanzó primero su cama de metal y luego tomó las cortinas. En minutos, el cuarto estaba envuelto en llamas.

Tara salió corriendo a avisar que la casa se estaba incendiando, de modo que en segundos todos estaban afuera. Como vivían lejos del pueblo y no tenían agua con presión como para intentar apagar el fuego, tuvieron que conformarse con mirar cómo su casa se quemaba hasta los cimientos.

Mi hermana estaba desolada. A menos que usted haya tenido la experiencia de ver quemarse su casa hasta los cimientos reduciendo a cenizas todos los objetos que más quiere no se podría imaginar lo terrible que es esto. Al día siguiente, Kathy y su familia volvieron a escarbar entre las cenizas y allí, en medio de lo que había sido la sala, estaba la tetera azul cobalto. Se veía intacta a pesar que todo a su alrededor yacía roto, destruido o derretido. Ahí estaba, azul y brillante, en medio de las cenizas. La levantó, le quitó la tapa y escuchó: «Yo estoy contigo». Kathy empezó a llorar. Dios y su abuelita le estaban diciendo: «Te estoy viendo. Yo estoy contigo. Te amo».

Jesús le dice: «Te estoy viendo».

PREGUNTAS

1. ¿Tiene usted un pequeño ritual de amor con Dios?
2. Si no, ¿por qué no lo inicia?
3. Si lo tiene, ¿cuál es?
4. ¿Cree que Dios lo ve allí donde se encuentre?
5. ¿Cree que es digno de un ritual especial? (Sí lo es).

Querido Señor:
Gracias por las loritas, las mariposas blancas, las brillantes monedas de un centavo y la pequeña tetera azul cobalto. Y gracias por el amor que cada día haces brillar tan generosamente sobre todos nosotros. Amén.

Disfrutará

Mi alma se alegrará en mi Dios.
—Isaías 61.10

Tuve el privilegio de acompañar en Phoenix a una patóloga especialista en desarrollo del lenguaje mientras hacía un recorrido de
rutina por la ciudad para reunirse con grupos de niños identificados
con problemas de lenguaje. Mientras la ayudaba a descargar su
equipo de trabajo de su vehículo, me llamó la atención que una de las
cajas estaba llena de libros para colorear, lápices de cera, tarjetas y
confites. Mientras ella se encargaba de llevar la computadora y la
miniimpresora, me ofrecí para ayudarla con la caja de juguetes.

En el momento que la vieron llegar, los niños saltaron de sus
asientos y corrieron a la sala de lenguaje, sentándose rápidamente y
mirándola con rostros sonrientes. Me presentó a ellos como la señora
Jones, una amiga que estaba allí para ayudar. Mi corazón empezó a
derretirse cuando vi las preciosas y precoces huellas de lo que eran y
lo que llegarían a ser.

Un pequeño llamado Jonathan me miró interrogativamente y me
dijo:

—¿Es usted de Texath?

—Sí —le dije, sonriendo—. ¿Cómo lo supiste?

Me sonrió, y me dijo:

—Me lo imaginé.

Una pequeña con una trenza y a la que se le había caído un diente, me mostró su dibujo.

—¿Qué pintaste ahí? —le pregunté.

—Son mis dos perritos mascota.

—¿Cuál es el nombre del dibujo?

Lo miró por unos segundos y luego sonrió.

—Lo llamo «*Lots of Lup*».

Luego Shelly vació una caja de tarjetas sobre un escritorio, procedió a repartirlas por tamaños entre los niños y los dirigió en un juego de pesca. Se aprovisionó de hojas perforadas y empezó a marcar con x y o los sonidos que producían correcta o incorrectamente. Eso lo hizo mientras los niños jugaban.

«Jonathan, ¿tienes una tortuga?», le preguntó Lisa.

«Nof. Nof sengo tostuga», respondió Jonathan.

Cuando Shelley se dio cuenta de la falla en la pronunciación, lo corrigió con afecto y luego lo hizo pronunciar una serie de palabras, lo que Jonathan hizo sonriendo.

Este ejercicio se hizo con cada niño, tomando breves notas mientras mantenía el contacto visual con ellos. Mientras los niños reían y se movían inquietos, ella los dejaba tener conversaciones, una de las cuales era aquella en que Kent le dice a Billy: «Billy, ¿no se supone que tenías que lamer las tarjetas?»

Al final del juego, Shelley dio dos gomas de mascar *Gummy Bear* coloreadas a cada participante y calcomanías a los dos niños que mostraron mayor progreso. La hora se fue volando y los niños se fueron preguntando cuándo volvería la profesora.

En otra clase, los puso a pintar y luego les contó una historia relacionada con el dibujo, reconociendo no solo su trabajo sino también el uso correcto de nuevas letras.

Shelly tiene una de las prácticas de más rápido desarrollo en Phoenix y el Departamento de Estado la recomienda como una profesional que logra resultados. A la misma vez, tiene niños esperando ansiosos sus clases. Shelly tiene éxito, en parte, debido a que hace del aprendizaje algo divertido, ágil e interesante y ofrece recompensas pequeñas, estimulantes, tangibles y agradables.

Cuando le hablaba de eso a un colega, me dijo: «Me habría gustado que hubiese trabajado con mi hija. Ella tartamudeó por años en la escuela básica. El hombre al que enviaron para que trabajara con ella era como un entrenador militar: duro, exigente e inflexible. Mi hija temblaba al tener que ir a clases con él. Finalmente, se cerró por completo ante él. Hasta el día de hoy tartamudea».

Los buenos entrenadores mantienen las cosas moviéndose, interesantes y entretenidas. Con su comportamiento, Jesús fue un ejemplo congruente para su equipo. No hubo dos días o dos conversaciones iguales, estuvieran comiendo en la playa o echando al mar demonios de un hato de cerdos.

Jesús mantuvo el hilo de la conversación pertinente y oportuno, insertando preguntas clave sobre puntos específicos que hacían a los discípulos detenerse, pensar y aplicar.

Mientras Él, Felipe y los demás miembros del equipo observaban con creciente sorpresa cómo se multiplicaba el número de personas en la playa, Jesús preguntó: «¿Felipe, cómo vamos a alimentar a toda esta gente?» Fue una oportunidad ideal para que Felipe aprendiera, ya que tuvo que pensar la forma en que contestaría la pregunta.

Jesús, entrenador, era magistral al hacer una pregunta delicada... pregunta que parecía no tener una respuesta. Mantuvo sus mentes trabajando y lo hizo en una forma entretenida. Esa fue una de las razones por la que los apóstoles lo siguieron (y para que otros lo sigan también).

PREGUNTAS

1. ¿Esperan sus asociados con ansias, o con temor, su próxima visita?

2. ¿Qué pregunta podría hacerle Jesús, su entrenador, respecto a la situación que enfrenta actualmente?

3. ¿Qué está haciendo para alentar a Jesús como un entrenador que quiere participar en su vida?

Querido Señor:
Como Creador del universo, tienes en mente que nunca hay que dejar de pensar y crecer. Ayúdame a estar más dispuesto a disfrutar mi relación contigo y a hacer mi parte para que mantengamos, tú y yo, un vínculo diario. Amén.

DERROTARÁ
LA DESIDIA

BIENAVENTURADOS LOS QUE OYEN
LA PALABRA... Y LA GUARDAN.
–LUCAS 11.28

Hoy, mientras cargaba cinco bolsas de basura en el automóvil, pensé que la desidia es la más grande pérdida de energía que puede tener una persona. Se me ocurrió pensar eso debido a que tuve que sacar esas bolsas de la casa la noche anterior de modo que estuvieran afuera para que los recolectores las retiraran temprano en la mañana. Pero cuando debí hacerlo, después de un largo día de trabajo, me dije: *Lo haré más tarde*. Por supuesto, más tarde quería decir no hacerlo. De modo que cuando el camión recolector pasó en su recorrido semanal, mis bolsas estaban dentro de la casa, por lo que tuve que cargarlas en mi auto y llevarlas a un depósito de la ciudad.

Como estoy viviendo con una amiga en una ciudad que no me es familiar, tuve que hacer una serie de llamadas telefónicas para saber dónde había un depósito de basura. ¡Qué manera más agradable de ocupar la mañana! Me habría evitado todo eso si hubiese dedicado cinco minutos a hacer ese trabajo la noche anterior. El tiempo es el recurso más costoso no renovable que tenemos en esta tierra, y yo desperdicié horas de él.

La semana pasada escuché un sermón basado en Mateo 25 sobre las vírgenes que estaban esperando al esposo, específicamente las cinco que no se preocuparon en aprovisionar sus lámparas con aceite no obstante que la boda era inminente.

Como el novio no aparecía, las otras cinco vírgenes que se habían preocupado por conseguir aceite para sus lámparas tuvieron lo suficiente para que durara toda la noche. Las vírgenes holgazanas («¡Oh, sí! La conseguiremos después») se perdieron toda la fiesta de bodas. En otras palabras, su desidia las dejó fuera del reino de los cielos. Duro castigo para un pequeño pensamiento dilatorio.

Cuando Jesús dijo a Pedro: «Deja tus redes y sígueme», él no respondió: «Mañana», lo hizo ¡ya! Cuando Eliseo se encontró con Elías, actuó de inmediato matando a un par de sus bueyes y haciendo fuego de su arado para ir en pos de su nuevo llamado. Eliseo llegó a ser uno de los profetas más poderosos de la historia. Cuando a José se le dijo en un sueño que llevara a María y al bebé Jesús a Egipto para escapar de la ira del rey Herodes, no esperó hasta que tuviera algunos días libres. Los preparó inmediatamente y salió.

Jesús era una persona orientada a la acción. Lo estaba de tal manera que tuvo que ser clavado en una cruz para que no siguiera haciendo cosas.

Y aun desde la cruz, delegaba: «María, ese es tu nuevo hijo, Juan. Juan, esa es tu nueva madre». Casi al exhalar su último aliento, Jesús estaba usando sus talentos y su influencia para hacer del mundo un lugar mejor.

Una marca característica de las personas altamente eficaces es que tienen un sentido de urgencia incluso por realizar las tareas más insignificantes. Sin embargo, muchos de nosotros operamos en una suerte de mente obnubilada que parece decirnos: «Despacio, tómalo con calma, eso es muy insignificante. No vale la pena». No obstante eso que es muy insignificante puede llegar a ser tan importante que consuma a la persona con desidia. (No hay que confundir preocuparse con acción. En efecto, uno de los grandes antídotos para la preocupación es entrar en acción ¡ahora!)

Los expertos en aprovechamiento del tiempo nos dicen que manipulemos una hoja de papel solo una vez. Que trabajemos con ella, la archivemos o la desechemos. Que no la dejemos por ahí, acumulando polvo. Sin embargo, muchos hacemos precisamente eso con nuestros pensamientos e ideas. Los dejamos por ahí llenándose de polvo y luego nos quejamos cuando alguien más hace algo con ellos.

En una reciente conferencia cumbre internacional un grupo de entrenadores ejecutivos discutía cuáles deberían ser las cinco preguntas más eficaces que debían hacer a sus clientes para motivarlos a moverse más rápido. Nadie parecía reunir las cinco. He estado pensando en eso por algún tiempo. Y ahora estoy convencida que una de las más importantes debería ser esta: «¿Qué está tratando de no hacer sabiendo que debe hacerlo?» Imagínese la discusión que se podría originar con esa sola pregunta. Parecemos tener un talento especial para enterrar la verdad, cubrirla, desentendernos de ella.

Lo único que se consigue con eso es mantenernos en la zona de la pereza tanto financiera como emocional y espiritualmente. Jesús dijo que «conoceréis la verdad, y la verdad os hará libres» (Juan 8.32). Él estaba enseñando que los hábitos de dilación y de distracción entorpecen nuestro quehacer.

Se lo dijo a la mujer en el pozo, según Juan 4.5-28. Cuando trató de echarse al vuelo con un discurso sobre alguna teología esotérica, Él le dijo: «Anda y trae a tu marido». Ella no quería admitir que estaba viviendo con un hombre al margen del matrimonio, pero Jesús la quería llevar directo a ese punto, no para condenarla sino para que pudiera enfrentar la situación y alcanzara la libertad.

Ayer estaba observando una clase de ejercicios aeróbicos acuáticos en un lujoso balneario en Phoenix. Imposibilitada de entrar a la piscina a hacer mis propios ejercicios debido a una clase que estaba desarrollándose, decidí esperar y observar. Una de las participantes llegó tarde al grupo de seis que aparentemente se conocían bien. Usaba un traje de baño brillante color rosado y todos los accesorios combinaban con él.

Debido a su gran tamaño, pese a lo cual se movía con gran agilidad, me hizo recordar a uno de los elefantes bailarines de la película Fantasía. Antes de entrar en el agua sacó un complejo equipo para probar la intensidad del cloro y procedió a introducirlo varias veces en la piscina mientras sus compañeras y la entrenadora seguían con sus ejercicios. Tomó tres veces la prueba del cloro y solo después decidió entrar al agua. Como llegó treinta minutos tarde, ya se había perdido la mitad de la clase. Y si a eso se agregan los cinco minutos de la prueba del cloro, tenemos que llegó treinta y cinco minutos tarde.

Cuando la clase finalizó, la oí cómo hablaba a sus compañeras en un tono un tanto prepotente acerca de que el elevado nivel de cloro en el agua produce irritación en la piel y que ella no quería sufrir eso. Sus prioridades estaban haciendo que perdiera los beneficios de la clase. El más aparente problema de salud que estaba enfrentando era su sobrepeso. Pero su atención se concentraba en la picazón de la piel. Para ella, introducir un pedazo de papel en el agua era mucho más fácil que entrar a la piscina y hacer los ejercicios al ritmo de la música. Me reí de la conducta de esa señora debido a que nosotros a veces nos comportamos como ella, ¿no le parece?

A menudo escogemos el camino complicado —el que también nos hace atraer la atención de los demás— cuando si enfrentáramos directamente el reto que tenemos por delante, tendríamos la situación resuelta en un santiamén. Es el viejo síndrome del «elefante en la sala de estar». La gente se queja de los platos sucios en el fregadero mientras el elefante de los grandes asuntos sin resolver está amenazando con destruir la casa.

La desidia parece ser un hábito benigno y sin consecuencias. Incluso hacemos chistes sobre ella, quizás porque puede ser una característica que vive con nosotros. Pero la verdad es que tiene un costo alto. Y Jesús dijo que ese costo puede ser todo.

Cuando las vírgenes le pidieron al novio que las dejara entrar a la fiesta, él les dijo tajantemente: «No sé quienes son ustedes». No les dijo: «Está bien, muchachas, pasen, solo estaba bromeando».

Hay un momento cuando el tiempo es demasiado tarde. Posponer decisiones puede causar un daño grande (o angustia). Ha habido vidas arruinadas por este hábito.

Una dama que conocí siempre se estaba quejando sobre lo caótica y descontrolada que era su vida. En unos de sus momentos más difíciles me pidió que la ayudara. Lo hice hasta que me frustré. Me di cuenta que cada uno de los grandes problemas en su vida era causado —no por villanos a quienes echaba siempre la culpa: su ex esposo, su jefe, su hija, su banquero sino— porque nunca hacía una decisión. Se complicaba en esto y aquello hasta que terminaba viéndose forzada a decidir por sí misma, y entonces no dejaba de quejarse por la mala decisión que tomaba. No decidirse es decidirse.

Las personas pasivo-agresivas usan la desidia como cómplice. Al no decidirse, obligan a otros a hacerlo por ellas y entonces se quejan por no haber sido tomadas en cuenta en la decisión que se hizo.

Los líderes saben que cerca de la mitad de las decisiones que hacen pueden ser erradas. Tienen que pesar toda la evidencia y aun así no tienen todos los elementos para decidirse. Finalmente se arriesgan y toman su decisión.

Hay una diferencia entre esperar en el Señor —a través de la obediencia— y simplemente esperar. O posponer. O decidirse a esperar hasta que el cielo se aclare o los temores se vayan. Si avanza siguiendo su visión, tenga la seguridad que los temores nunca lo van a dejar.

No deje que la desidia lo destruya, en las cosas grandes o en las pequeñas. Robert Kiyosaki en su libro *Rich Dad, Poor Dad* (Warner Books, 2000), dice que «las excusas lo hacen perdedor mientras habla». La desidia se alimenta de las excusas y se vale de ellas regularmente.

Jesús siempre lo alentará a encaminarse hacia lo bueno. Y eso significa *¡ahora!*

PREGUNTAS

1. ¿Qué acción sabe que debe tomar y la está posponiendo?

2. ¿Por qué?

3. Si la desidia le hace un perdedor mientras habla, ¿qué ganaría con lo que dice?

Querido Señor:
Tus maravillas nunca cesan. Tu paciencia es infinita. Pero hay tiempo cuando es necesario hacer todo lo bueno, y ese tiempo siempre es ahora. Ayúdame a eliminar la desidia de mi vida de tal modo que pueda verte, ahora mismo, más claro, en lugar de hacerte flotar confusamente en las nieblas del mañana. Amén.

Podrá usar
todo su potencial

HARÁS ADEMÁS UN CANDELERO DE ORO PURO...
Y LE HARÁS SIETE LAMPARILLAS...
DE UN TALENTO DE ORO FINO LO HARÁS...
MIRA Y HAZLOS CONFORME AL MODELO QUE TE
HA SIDO MOSTRADO EN EL MONTE.
–ÉXODO 25.39-40

Dios fue muy específico respecto de los materiales y el diseño que habrían de usarse en la construcción del templo. La mano de obra y la calidad eran supremas en la construcción de la casa, y la obra se llevó a cabo según el diseño que Dios mostró a Moisés en el monte.

Me gusta pensar en este pasaje en cuanto a su aplicación al establecimiento de equipos, empresas y organizaciones. Tenemos que involucrar a los más capacitados permitiéndoles que usen sus más puros «talentos» y hacerles que sigan un diseño dado a ellos desde lo alto. ¿Realmente ocurre esto?

La organización Gallup consultó no hace mucho a más de dos millones de trabajadores de 101 compañías alrededor del mundo. Una de las preguntas era: «¿Usa usted todo su potencial cada día de trabajo?»

Ochenta por ciento, u *ocho de cada diez*, dijeron que no, que no usaban todo su potencial cada día de trabajo. Imagínese lo que podríamos hacer desde el punto de vista organizativo y programático si se identificara y dejara a las personas más altamente calificadas liberar todo su potencial. En esencia, estamos operando a solo un veinte por ciento de la capacidad. *¡Qué pérdida de tiempo, energía y talentos!*

Jesús pasó de carpintero a predicador. A menudo me imagino qué pasaría por su mente el día cuando dejó el martillo, traspuso la puerta y cerró la tienda para no volverla a abrir.

Cuando tuve el privilegio de estar en Jerusalén en 1999, nuestro guía, un cristiano palestino, nos contó que el término que se usaba para Jesús era *tekton*, que quiere decir no solo «carpintero» sino también «artesano». Obviamente, Jesús era muy bien dotado en cuanto a lo que hacía con sus manos. Estoy segura que podía tomar un trozo de madera y convertirlo en un yugo que se hacía a la medida para que no hiriera a los animales. Aquello era importantísimo para la gente de su aldea, porque si su buey no podía arar el suelo debido a una herida, entonces la familia no tenía para comer. Él era consciente para hacer su trabajo.

Pero dentro de Él ardía una fuerza que iba más allá de sus habilidades manuales. Su don más excelso terminó alejándolo del banco de carpintero y llevándolo al desierto, donde tuvo que enfrentar los más grandes temores y seguir adelante.

Cada tentación que Jesús enfrentó en el desierto estaba relacionada con sus más grandes dones.

¿Podía convertir aquellas piedras en pan cuando estuvo hambriento? Sí. Pero no lo hizo. En cada caso que pudo haber usado sus más grandes dones para un propósito menor, Jesús se negó a hacerlo. Esto le permitio usar sus dones en una forma más sublime. Jesús decidió que no usaría sus más grandes dones para propósitos egoístas. Pero también decidió que los usaría.

En el libro *Recognizing Your Strengths*, por Marcus Buckingham y el Dr. Donald O. Clifton, los autores confrontan algunos paradigmas básicos, aunque vagos, presentes en este país. Uno de ellos es que usted debe esforzarse por vencer sus debilidades para ser más eficaz. Ellos dicen: «Olvídese de sus debilidades. Sométalas a sus fuerzas. Así es como crecerá». Seguimos creyendo en los mitos del empleado y de la esposa perfectos. Y no solo leemos esos mitos a nuestros hijos, sino que los creemos. «Un día, llegará nuestro príncipe» se traduce como: «Un día encontraré a mi esposo o a mi esposa perfecto... o la compañía... o el trabajo».

Lo primordial es darse cuenta cuáles son sus mayores potenciales y luego perfeccionarlos. Este principio ha estado entre los más beneficiosos que jamás haya adoptado. Una vez que me di cuenta que estaba hecha para ser conferenciante y escritora en lugar de trabajadora social o administradora, mi trabajo comenzó. Recuerdo que tomé varios cursos de contabilidad en la universidad sabiendo que algún día querría iniciar mi propio negocio. (Mi madre fue contadora por treinta y siete años.) Tomé los cursos, pero al presente es muy poco lo que le puedo decir —si es que le puedo decir algo— sobre contabilidad. Mi sistema básico se reduce a tres palabras. O hay suficiente o no hay suficiente. Sencillo, ¿no? Hasta hoy, Oprah Winfrey, la famosa billonaria, no puede leer un balance o una hoja de pérdidas y ganancias. Imagínese lo que habríamos perdido si ella hubiera entrado en el mundo contable, ya que ese era su eslabón débil.

En el libro *Recognizing Your Strengths* destaco, subrayo y doblo la esquina de la página en esta declaración: «Quizás el más grande beneficio que pudiera darse en nuestras escuelas sea ayudar a los niños a identificar sus mejores habilidades».

Jesús no enseña acerca de eslabones débiles. Enseña cómo encontrar nuestros llamados más altos y nuestro potencial y a acometerlos con todo nuestro corazón.

Jesús usó sus habilidades al máximo.

PREGUNTAS

1. ¿Cómo es que habilidades y potencial pueden no ser lo mismo?

2. ¿Conoce usted su mejor habilidad? ¿Cuál es?

3. ¿Qué ocurriría si fuera capaz de usar diariamente su potencial al máximo?

Querido Señor:
Ayúdame a ver dónde mi luz está de veras brillando para ti, y que la ponga en un candelero, no debajo de un almud. Amén.

Se evitará un comienzo escabroso

¿Qué tienes conmigo, mujer?
Aún no ha venido mi hora.
—Juan 2.4

En las sesiones de adiestramiento he observado que a muchos clientes les gusta hacer cosas de una manera perfecta desde el inicio. Seguramente usted y yo emergimos perfectos del vientre cuando nacimos, pero aun cuando todas las partes de nuestros cuerpos estaban intactas, todo el proceso para la mayoría de nosotros fue sangriento, doloroso y a veces extraordinariamente complicado.

El problema con nuestra cultura, que adora los éxitos y las proezas, es que esos estados en realidad no son sino partes de un proceso lleno de obstáculos, feo y bastante incierto.

Jerry Seinfeld quizás sea, hoy por hoy, el comediante más famoso y mejor pagado en los Estados Unidos. Tiene la capacidad de hacernos reír de nada y por siete años fue capaz de hacerlo usando el concepto de las cosas pequeñas. Cerca del fin de su programa de televisión, que dejó voluntariamente, le estaban pagando un millón de dólares por episodio. Eso demuestra lo mucho que se le apreciaba como comediante y lo bueno que era en lo que hacía.

Pero cuando comenzó, no lo era tanto. Había venido preparándose por largo tiempo, incluso desde que era un niño. Escuchaba sin descanso los discos de Bill Cosby. Acostumbraba andar detrás de su papá anotando chistes y le encantaba hacer reír a sus compañeros de la escuela.

Satisfizo el deseo de sus padres y obtuvo un grado universitario. Pero la noche de su graduación no fue a la fiesta, sino a un club en Nueva York donde actuaban comediantes. Se armó de valor y subió al escenario. Cuando los focos se concentraron en él, todos los chistes que había preparado se le olvidaron. Después habría de decir que solo se acordaba de los temas generales. De modo que no pudo hacer otra cosa que decir palabras sueltas: «Manjares. Primos. Compañeros de cuarto. Noviecitas». No pudo recordar ni una sola frase que fuera con cada tema. Pero a pesar de su azoramiento, la gente se rió. Les agradó. Bajó del escenario después de un minuto y medio y decidió que la próxima vez ensayaría y memorizaría frases, no solamente temas. A la semana siguiente, cuando volvió al club, consiguió que la gente riera más y lo contrataron.

Pero su carrera no se disparó ahí. Anduvo por los clubes hasta que obtuvo un trabajo como maestro de ceremonias. Luego consiguió su primer programa en HBO. Después le ofrecieron una parte en otro programa de comedia. Una vez lo despidieron diciendo que no sabía actuar.

Luego le ofrecieron otro programa. Esta vez le permitieron trabajar más con líneas escritas. Lo volvieron a despedir.

Para entonces, dijo que haría un programa y escribiría sus propias líneas. Lo lanzó. Lo criticaron por hacer un espectáculo de la nada. En lugar de sentirse desalentado por ese comentario, lo tomó en serio y decidió *hacer de eso su tema*.

Su espectáculo gustó, pero no lo suficiente. Lo dejaron en el estante por un tiempo. Luego los ejecutivos de la empresa lo resucitaron, trataron de arreglarlo, pero no pasó nada.

Sin embargo Jerry nunca perdió su visión ni su potencial, que era hacer reír a la gente. Decía que no le preocupaba si tenía que actuar en la televisión o en los caminos. Finalmente, su audiencia lo encontró y él encontró su audiencia. El espectáculo de Jerry Seinfeld «sobre nada» llegó a ser uno de los programas cómicos de más éxito de todos los tiempos.

Me encantan las historias como esta. Cuando me encontré con el *show* de Jerry, ya era muy visto. Yo fui una admiradora tardía por lo que lo único que conocí fueron sus éxitos. Solo leyendo su historia vine a saber sobre su catastrófico comienzo, las veces que fue despedido, cómo encarpetaron su programa y todos los otros obstáculos en el camino. ¿Qué habría pasado si porque olvidó su rutina la primera noche, Jerry hubiera decidido que no tenía «pasta» de comediante? ¿Qué habría pasado si con los primeros abucheos que le lanzaron se hubiera bajado del escenario para siempre? ¿Qué habría ocurrido si hubiese dejado que las flechas de las críticas le atravesaran el corazón en lugar de transformarlas en un cohete que lo trasportó hasta el estrellato?

Jerry estuvo dispuesto a tener un comienzo escabroso y solo más tarde el camino se le suavizó.

Cuando Jesús hizo su primer milagro, por todos los relatos nos parece entender que esa no era su intención. Su madre le pidió que ayudara a resolver un problema que se había presentado en una fiesta.

Al tercer día se hicieron unas bodas en Caná de Galilea; y estaba allí la madre de Jesús. Y fueron también invitados a las bodas Jesús y sus discípulos. Y faltando el vino, la madre de Jesús le dijo: No tienen vino. Jesús le dijo: ¿Qué tienes conmigo, mujer? Aun no ha venido mi hora. Su madre dijo a los que servían: Haced todo lo que os dijere. Y estaban allí seis tinajas de piedra para agua, conforme al rito de la purificación de los judíos, en cada una de las cuales cabían dos o tres cántaros. Jesús les dijo: Llenad estas tinajas de agua. Y las llenaron hasta arriba. Entonces les dijo: Sacad ahora, y llevadlo al maestresala. Y se lo llevaron. Cuando el maestresala probó el agua hecha vino, sin saber él de dónde era, aunque lo sabían los sirvientes que habían sacado el agua, llamó al esposo, y le dijo: Todo hombre sirve primero el buen vino, y cuando ya han bebido mucho, entonces el inferior; mas tú has reservado el buen vino hasta ahora (Juan 2.1-10).

Por el relato del evangelio nos damos cuenta cuán difícil fueron los comienzos. Pero Jesús hizo lo que le pidieron que hiciera, aunque no haya sido el tiempo y el lugar ideales según su plan original.

Es posible que amigos o familiares lo estén presionando para que haga algo que saben que hace bien pero usted se resiste, alegando que no es ni el tiempo, ni el lugar ni la razón correctos. Quizás piense que debe haber una forma o lugar más glorioso y apropiado donde dar a conocer sus talentos.

En este momento estoy pensando en tantos héroes y heroínas bíblicos que fueron presionados a servir no por su propio acuerdo, sino por el deseo de otros.

Quizás recuerde la historia de Mardoqueo y Ester, contada tan convincentemente en el libro de Ester. Ester fue presionada para que formara parte del harem del rey y más tarde llegó a ser la reina. Su primo Mardoqueo le dijo que no revelara que era judía, lo cual sin duda que añadió presión a las circunstancias menos que ideales que estaba viviendo. Pero su belleza y gracia hicieron que llegara a ser la favorita del rey.

Cuando el rey permitió que un servidor suyo lo persuadiera a eliminar a todos los judíos, Mardoqueo fue a visitar a Ester, que por ese tiempo ya era la reina, y le rogó que revelara que era judía y le pidiera al rey que dejara sin efecto su edicto. Lógicamente, Ester se llenó de temor.

Pero Mardoqueo le dijo: «No pienses que porque estás en la casa del rey, vas a ser la única judía que escape. Porque si callas absolutamente en este tiempo, respiro y liberación vendrá de alguna otra parte para los judíos; mas tú y la casa de tu padre pereceréis. ¿Y quién sabe si para esta hora has llegado al reino?» (Ester 4.12-14). Mardoqueo hizo ver a Ester que quizás había llegado el tiempo para que ella usara su influencia y gracia.

Su indecisión y temor dieron lugar al valor. Decidió ayunar y orar y, sin tener la seguridad del éxito, dijo: «¡Si perezco, que perezca!» (Ester 4.16). Ella no caminó por la alfombra roja sino que avanzó vacilante, llena de miedo, después de haber sido empujada a hacerlo.

Ester estuvo dispuesta a tener un comienzo difícil. ¿Lo está usted?

PREGUNTAS

1. ¿Tiende usted a hacer las cosas bien la primera vez?

2. ¿Es posible que realmente sea un negligente y que use otros «obstáculos» solo como una excusa para no hacer lo que debe?

3. ¿Puede nombrar a otros que han tenido un comienzo difícil? (Abraham Lincoln, por ejemplo, perdió sus primeras dos elecciones para un cargo público, pero ganó la tercera.)

Querido Señor:
Tú estás listo para trabajar desde el caos y el desorden y hacer tu mejor trabajo. Ayúdame a hacer lo mismo. Amén.

EQUILIBRIO

Mi querida amiga Robin Wood me contó una historia que quisiera relatarles a ustedes. En cierta ocasión la invitaron con su hijo, sus amigos y sus mamás a patinar en una pista de hielo en Cincinnati. Las tres madres se apresuraron a empezar a patinar en la sección correspondiente de la pista. Inspiradas por los recientes juegos olímpicos de invierno, quisieron intentar, de una vez, remolinos y espirales.

Robin, al querer hacer su primera espiral, perdió el equilibrio y cayó, contenta que su hijo hubiese estado lo suficientemente lejos como para no verla. Otra mamá, Cecilia, lo hizo un poco mejor, pero rápidamente perdió también el equilibrio en un giro y, como Robin, fue a dar al suelo.

Jennifer, sin embargo, se manejó con éxito en las vueltas y en los giros pese a que nunca antes había patinado. Al ver las otras dos madres lo bien que lo hizo le preguntaron el secreto. Ella les dijo: «Cuando tomé clases de ballet aprendí a mantener el equilibrio». Luego le preguntaron cómo podía mantenerlo, a lo que les respondió: «Me enseñaron cómo encontrar mi ´centro´ y cada vez que siento que me estoy saliendo, vuelvo a él».

Sencillo. Profundo. Pero mientras no sepamos dónde está nuestro «centro» andaremos bamboleando, perdiendo el equilibrio y sin duda en desventaja con el mundo y con nosotros mismos. Una vez que descubrimos dónde está ese dichoso punto, sabremos cómo mantenernos en él.

Mantener el equilibrio significa ser capaces de manejarnos rápida y seguramente ante las tentaciones, tal como lo hizo Jesús. Mantener el equilibrio no es dejarse llevar por las ovaciones de la multitud, que quieren que usted sea lo que no es. Ser centrado significa poder poner la otra mejilla y no decir una palabra, como lo hizo Jesús. Ser centrado significa que se puede morir sabiendo que se ha hecho la voluntad de Dios, como Jesús.

El mundo está tratando de hallar su punto central mediante euforias o intentos artificiales. ¡Oh, estar en su centro, qué tremendo es eso! Usted lo reconocerá cuando lo vea. Lo sabrá cuando lo tenga.

Y una vez que logre el equilibrio, estar «centrado», siempre sabrá cómo mantenerse en él, como Jesús lo hizo.

Esta sección trata del equilibrio, aquello que la gente a menudo pierde aun cuando le parezca que no.

DISPONDRÁ DE AYUDA PARA HALLAR SU EQUILIBRIO

MAS BUSCAD PRIMERAMENTE EL
REINO DE DIOS... Y TODAS ESTAS
COSAS OS SERÁN AÑADIDAS.
—MATEO 6.33

Ver las noticias tiende a distraernos, en parte por aquella franja interminable que corre en la parte inferior de la pantalla mientras el presentador nos está diciendo otras cosas, apelando a nuestro sentido del oído. Pareciera que la creencia generalizada es que si obtenemos suficiente información lo suficientemente rápido, estaremos mejor. Desafortunadamente, es cuestión de oír las noticias para saber que no nos está yendo mejor, sino cada vez peor. Más que noticias, quizás lo que se necesita es sabiduría y esta se obtiene del equilibrio.

Cuando me reuní recientemente con los líderes de una de las compañías más grandes del mundo, me comentaron: «A nuestros empleados les decimos con un lado de la boca: dediquen tiempo a su familia. Y con el otro: Dénnos todo el tiempo a nosotros. Y la verdad es que estamos hablando con ambos lados de la boca y esa es la realidad del día presente y de esta época».

¿Quién entre nosotros no tiene exigencias que rivalizan entre sí? El que sea espiritual no garantiza necesariamente que usted será una persona equilibrada. Los pastores están entre los servidores más agotados y presionados. Las riquezas no garantizan equilibrio. A veces más bien la codicia lleva a la bancarrota o a la cárcel.

Según un investigador de Harvard, hoy la gente busca productos o compañías que los ayuden a establecer un equilibrio en sus vidas. Y esto no es fácil.

Mucho se ha escrito sobre los *baby boomers* (generación que nació en los Estados Unidos entre 1946 y 1964) que crecieron creyendo que se podía tener de todo. Sylvia Ann Hewlett, en un artículo titulado «Las mujeres ejecutivas y el mito de tenerlo todo» y que publicara la Revista de Negocios de Harvard traza un perfil de los *baby boomers*. Sus conclusiones las obtuvo de la investigación que llevó a cabo para su libro *Creating a Life: Professional Women and the Quest for Children*. En este artículo, Hewlett dice que «en los Estados Unidos, entre los 35 y los 55 años de un tercio a la mitad de todas las mujeres con carreras exitosas no tienen hijos». No es necesariamente que no quieran tenerlos, sino que para muchas mujeres, las demandas de carreras ambiciosas, la asimetría en las relaciones hombre-mujer y la dificultad de tener hijos tarde en la vida limitó sus posibilidades. Hewlett dice que su meta es «generar políticas para los lugares de trabajo que reconozcan los inmensos costos para las empresas al perder mujeres de excelente educación cuando comienzan a tener familia». También, su esperanza es «galvanizar a las mujeres jóvenes para que hagan nuevas y urgentes demandas a sus socios, empleadores y ejecutivos para que establezcan mejores alternativas de vida para ellos mismos». Básicamente sus consejos a las jóvenes que buscan tenerlo todo son estos:

1. Trate de imaginarse cómo quiere que su vida sea a los cuarenta y cinco años.
2. Si quiere tener una familia, dé prioridad urgente a encontrar un marido entre sus veinte y treinta años de edad.

3. Tenga su primer hijo antes de los treinta y cinco años de edad.
4. Elija una carrera que le permita disponer de tiempo.
5. Elija una compañía que le ayude a establecer un equilibrio entre su persona y el trabajo.

Y su consejo a las corporaciones es esta:

1. Crear un banco de tiempo para ausencia pagada de los padres, permitiéndoles tres meses de ausencia, los cuales podrán tomar cuando los necesiten hasta que el niño tenga dieciocho años.
2. Reestructurar los planes de jubilación para eliminar multas por interrupción de carreras.
3. Permitir interrupción no pagada de hasta tres años por carreras pero asegurando la permanencia del trabajo al regreso.
4. Crear trabajos de alto nivel que permitan reducir las cargas laborales, pero que ofrezcan posibilidades de promoción.
5. Establecer algún tipo de relación permanente con los ex empleados.

Una cantidad de corporaciones están respondiendo positivamente y revistas como *Fortune* y *Working Woman* están destacándolas; sin embargo, es necesario hacer más.

El otro día, mientras esperaba en el consultorio del médico, leí con mucho interés en la revista *People* la historia de Mary Matalin, asesora del vicepresidente Dick Cheney, y su decisión de regresar a casa. Semanas de trabajo de setenta horas, viajes constantes y el estrés en cuanto a la seguridad fueron abrumando poco a poco a Mary, a su esposo James y a sus dos pequeñas hijas. Pero la situación hizo crisis un día en que James llamó llorando a su esposa Mary para que volviera a casa. ¿Qué había ocurrido?

Su hija Mattie había participado en la escuela en un día en que todos los alumnos expresaban sus deseos en cuanto a la carrera profesional que querían seguir. Mientras sus compañeros llegaron con complejas construcciones esquemáticas hechas con meticulosa ayuda de sus padres, Mattie mostró solo un pizarrón, un pedazo de tiza y una manzana para decir que había escogido la carrera de maestra. Ni James, consultor de altos ingresos, ni Mary habían tenido tiempo para ayudar a Mattie; lo que hizo que James rompiera en llanto. Ambos se dieron cuenta que no era justo y Mary le dijo adiós al vicepresidente.

Otro fenómeno que estamos encontrando es el cambio de papeles de la mujer en el trabajo. Una amiga me contó la historia de su hija, «Julie». Julie viaja por todo el mundo tomando decisiones que afectan a cientos de personas. Ella acostumbra seleccionar su propio vino. Mi amiga quedó sorprendida cuando un día fue a cenar con ella y su prometido y quien escogió la mesa, ordenó el vino, lo probó y aprobó y tomó todas las decisiones sobre el menú fue ella. Lo que sigue es la transcripción de una discusión real:

Mark, el joven prometido, preguntó: «Julie, ¿estarás aquí para el día de los enamorados?»

Ella le dijo que no, pero que llegaría a la mañana siguiente.

Mark empezó a hacer pucheros, diciendo en un tono lastimero: «Pero, Julie, ¿Otra vez no vamos a pasar juntos el día de los enamorados?»

A lo que Julie respondió, un tanto irritada: «El día de los enamorados no es más que otro día en el calendario. Nosotros lo celebraremos al día siguiente, ¿de acuerdo?»

Poniéndole un poco de humor a la situación, Mark dijo: «Mira, Julie. Uno de los dos tiene que hacer el papel de esposa llorona en esta relación y, por lo que veo, parece que voy a tener que ser yo».

En estos días, los papeles andan pies para arriba, como lo están muchas de las reglas sociales. ¿Cómo vamos a evitar nosotros esta situación?

Jesús nos enseñó cómo encontrar nuestro equilibrio y sus palabras se aplican a nosotros hoy día: «Buscad primeramente el reino de Dios… y todas estas cosas os serán añadidas».

Cuán sencillo es mantener el equilibrio, si sabemos dónde estamos y lo que buscamos.

Preguntas

1. ¿Por qué es tan fácil perder el equilibrio en nuestros días?
2. ¿Por qué no es «información» la respuesta a la cuestión del equilibrio?
3. ¿Cómo nos ayuda a encontrar el equilibrio buscar primero el reino de Dios?
4. ¿Por qué es tan difícil, especialmente para las mujeres, «tenerlo todo»?

Querido Señor:
Ayúdame a entender que tú eres mi centro de gravedad. Ayúdame a decidir con sabiduría especialmente cuando otras vidas son afectadas. Ayúdame a saber distinguir entre ambición y llamado y los deseos del corazón a los llamados del consumismo. Amén.

Sabrá que su escalera es segura

No te desampararé, ni te dejaré.
—Hebreos 13.5

Recientemente, una amiga y yo fuimos a una feria en el estado de Nuevo México. Era una hermosa tarde de otoño y empezamos a desafiarnos a participar en algunos de los juegos y competencias que se anunciaban con llamativos avisos de neón ofreciendo como premio animales de peluche tan grandes que era imposible pensar en llevarlos a casa. Ella intentó en el lanzamiento de anillos, y perdió. Yo intenté y perdí en el tiro al blanco. Luego, nos acercamos a «la escalera del pirata».

Instalada en un ángulo y tendida sobre bolsas de aire, la escalera era relativamente corta. La prueba parecía simple. Nada más que subir los casi diez metros y una vez arriba, hacer sonar la alarma roja. El empleado que animaba a la gente a participar se subía por la escalera con una facilidad asombrosa, a veces de cuatro en cuatro mientras la escalera permanecía completamente recta e inmóvil. ¿Cómo podría ser tan difícil?

Mi amiga lo intentó y al primer paso falló. El empleado le dijo que lo volviera a intentar. Esta vez alcanzó a subir tres de los diez escalones y volvió a fallar.

Le dijo que si quería que le sujetara la escalera. Yo intervine para decirle que lo hiciera. Entonces él mantuvo firme la escalera y ella pudo subirla toda.

Mientras, riendo, decía que aquello era demasiado difícil para hacerlo sin ayuda, le preguntó al empleado cómo lo hacía. Este sonrió y levantándose la camisa le mostró un juego de pesas adherido al estómago. «El equilibrio», le dijo, «no está en su cabeza sino en su estómago» y luego se fue a atender a otro cliente.

Me quedé pensando en sus palabras mientras nos dirigíamos al automóvil. Me pareció que allí teníamos una lección doble. Una era que mientras él se mantuvo sujetando la escalera, mi amiga pudo ascenderla sin mayor dificultad. Ella no miró hacia abajo para asegurarse que el hombre siguiera allí. Simplemente confió en que haría lo que dijo. La segunda lección fue que el equilibrio no está en la cabeza, sino en el estómago. Ningún cálculo mental le habría ayudado a mi amiga, a menos que hubiese controlado su estómago.

En una fiesta en Nueva York tuve la oportunidad de visitar a una señora que coordina reuniones del más alto nivel con algunos de los «centillonarios» del mundo. Me dijo que uno de los requisitos para participar en estas reuniones era tener su propio avión ejecutivo jet Lear. La reunión, que se celebra anualmente en diferentes balnearios alrededor del mundo, siempre consulta la presencia de expertos que hablen sobre salud, finanzas y el estado del mundo.

Ella me dijo: «No pude sino darme cuenta del tema y del deseo que estaba detrás de su selección de conferenciantes. Esta gente tan rica, quiere saber cómo controlar las cosas: controlar su salud, controlar la economía, controlar la política. Estuve a punto de pararme y gritarles: «El control no lo tenemos nosotros. ¿No se dan cuenta? Ninguna cantidad de información o conocimiento va a cambiar este hecho».

Esto me recuerda el chiste que circuló por la Internet sobre la perplejidad de una cantidad de personas conscientes de su buena salud que finalmente tendrán que enfrentar el hecho que murieron de «nada».

Cuando Pablo dice que «todas las cosas ayudan a bien a los que aman al Señor, a los que conforme a sus propósitos son llamados» (Romanos 8.28) nos está recordando que si se lo pedimos a Dios, sin ninguna duda Él nos afirmará la escalera para que podamos alcanzar la meta.

Jesús nos enseñó la forma de subir la escalera. Él lo hizo manteniéndose firme y también sobre sus rodillas. Y en el Huerto de Getsemaní, cuando su mente estaba empezando a implorarle que tomara un camino más fácil, Jesús nos mostró que el equilibrio espiritual no viene de la cabeza, sino del medio de nosotros, al que comúnmente llamamos «tripas»,

Jesús sujeta la escalera.

PREGUNTAS

1. ¿Qué «escalera del pirata» está enfrentando?

2. ¿Está tratando de subirla solo?

3. ¿Le ha pedido a Jesús que se la sujete?

4. ¿Cree que Él puede hacerlo?

5. ¿Cree que Él puede ayudarle aun cuando en algún momento vacile y se caiga?

6. ¿De dónde viene su equilibrio?

Querido Señor:
Gracias por sujetarme la escalera. Dame el valor para mantenerme subiendo esta escalera que has puesto frente a mí. Y ayúdame a recordar que, sin importar las veces que he dudado o caído, todo en mi vida responde a tu designio. Amén.

HARÁ PLANES
DE SUCESIÓN

ESTA NOCHE VIENEN A PEDIRTE TU ALMA.
–LUCAS 12.20

Con una mayoría de altos ejecutivos a finales de los cincuenta años o comenzando los sesenta, los planes de sucesión son algo de suprema importancia para las organizaciones grandes y pequeñas. He hablado con numerosas personas en posiciones de liderazgo clave en grandes compañías y su mayor preocupación es conseguir los ejecutivos que necesitan para empezar a preparar a los sucesores. Cuando una persona ha demostrado su capacidad para el liderazgo, se siente tan segura de sí misma que cree que ya no necesita nada más, que se las puede arreglar sola y que le está reservada la inmortalidad.

Con la experiencia del 9 de septiembre de 2001 [el derrumbe de las torres gemelas del Centro Mundial de Negocios en Nueva York] todos nos hicimos más conscientes de cuán volátil es la vida. Por eso, ¿hemos dado los pasos vitalmente necesarios para nombrar y, más importante, preparar a nuestros sucesores?

Si el nombre de su juego es «Alcanza la cumbre y quédate allí», usted tiene un pensamiento (y un deseo) muy corto. Si no somos más que un destello en una gota de agua en el océano de la humanidad, ¿sobre qué onda vamos cabalgando? ¿Cómo nos hemos preparado para nuestra muerte y lo que sigue?

Mi madre fue la beneficiaria de la previsión de mi padre en cuanto a su mortalidad. Su póliza de seguro era tal que cuando murió repentinamente de un ataque de corazón, mi madre pudo retirarse con muy pocas preocupaciones financieras. Pero sorprendentemente, un gran porcentaje de personas en este país muere sin haber preparado un testamento, dejando a sus sucesores y herederos sumidos en una confusión costosa y emocionalmente agotadora. Según la revista *Consumer Reports*, siete de cada diez estadounidenses mueren sin haber preparado un testamento. El autor financiero y animador de programas de radio, Dave Ramsey, dice: «¡Usted sabe que va a morir; por lo tanto, haga su testamento!»

En un curso para escribir guiones cinematográficos que tomé nos enseñaron que para realzar el interés y el drama, debe haber alguna clase de plazo al que el personaje principal debe enfrentarse. Si pudiéramos mirar nuestro propio «plazo» a la cara y aceptar que existe, quizás intentaríamos acciones más dramáticas en cuanto a elaborar planes de sucesión.

Jesús empezó a trabajar en su sucesión casi desde el mismo primer día. Sabiendo que su tiempo en la tierra era corto, empezó a decirles a sus seguidores que no siempre lo tendrían con ellos, por lo que necesitaban poner mucha atención a lo que Él estaba haciendo y cómo lo hacía, de modo que cuando se fuera, pudieran hacer cosas aun mayores. Les dijo: «De cierto, de cierto os digo: El que en mí cree, las obras que yo hago, él las hará también; y aun mayores hará… para que el Padre sea glorificado en el Hijo» (Juan 14.12-13).

Cuando Jesús todavía estaba en la tierra, consciente y puntualmente dio a Pedro las llaves de su reino, nombrándolo como su representante. También comisionó a los apóstoles para que fueran su voz, sus manos y pies sobre la tierra (Mateo 28.19-20).

Desde la cruz, nombró a Juan, el discípulo amado, como su sucesor en la familia: «Juan, he ahí tu nueva madre. Madre, he ahí tu nuevo hijo». Mientras expiraba seguía demostrando la importancia de cuidar de aquellos que quedaban atrás.

Algunos de nosotros nunca pensamos más allá de nuestros propios mundos o nuestros propios reinos infinitamente fascinantes. Garrison Keillor pregunta: «¿Cuántos narcisistas se necesitan para atornillar un bombillo?» La respuesta es: «Solo uno. Este se sube a una escalera, sujeta el bombillo mientras el mundo gira alrededor de él». (Esto me hace recordar una calcomanía pegada en el parachoques de un automóvil que decía: «Si usted se va en el Rapto, ¿podría quedarme con su automóvil?») Aquí tenemos a alguien queriendo estar en el lado de los que esperan los planes de sucesión.)

En una entrevista, el comediante Jerry Seinfeld dijo que nunca se había dado cuenta que tenía sentimientos hasta que nació su primera hija. Después de revelar este lado poco usual y sorprendentemente sentimental, un chiste puso las cosas en equilibrio: «Por supuesto, uno tiene que darse cuenta que los bebés están destinados a una sola cosa: a tomar tu lugar».

Si usted es un padre o un abuelo, ya tiene que estar pensando en la sucesión. Pero la sucesión de que estoy hablando aquí es doble. Un aspecto tiene que ver con: ¿A quiénes va a dejar atrás y con qué legado? Y el otro es, ¿Qué clase de vida está preparando para vivir *al otro lado?*

En Lucas 12, versículos 16 al 21, Jesús contó la historia de un hombre a quien le estaba yendo magníficamente bien en los negocios:

La heredad de un hombre rico había producido mucho. Y él pensaba dentro de sí, diciendo: ¿Qué haré, porque no tengo donde guardar mis frutos? Y dijo: Esto haré: derribaré mis graneros, y los edificaré mayores, y allí guardaré todos mis frutos y mis bienes; y diré a mi alma: Alma, muchos bienes tienes guardados para muchos años; repósate, come, bebe, regocíjate. Pero Dios le dijo: Necio, esta noche vienen a pedirte tu alma; y lo que has provisto, ¿de quién será? Así es el que hace para sí tesoro, y no es rico para con Dios.

Ni el más grande granero va a poder hacer algo cuando entre en acción la balanza *espiritual* y sea su corazón lo único que se pese.

No hace mucho tuve que hablar en una reunión de la *Christian Management Association*. Antes de dar mi conferencia, pude participar en algunas otras sesiones y fui gratamente sorprendida al oír a un hombre joven que está convencido de que su cuenta de banco está en el cielo, no aquí. Él y su esposa habían decidido vivir en una casa sencilla de tres dormitorios en un barrio agradable pero modesto a la vez que habían donado varios millones de dólares a un proyecto en el que creían. Él declaró: «Dios dijo que en el cielo lo que uno tenga Él lo multiplicará por diez, por eso mi esposa y yo estamos ocupados en establecer nuestra cuenta de retiro en el lugar donde esperamos vivir más tiempo». Me gustó su perspectiva y la deseé para mí. Esta pareja estaba siendo sabia en planificar su sucesión. Estaban planeando para el cielo, no para la tierra, y Jesús dijo que quien hacía así, estaba haciendo algo bueno.

Jesús le ayudará a pensar cuidadosamente sobre sus planes de sucesión.

PREGUNTAS

1. ¿Qué legado está dejando a los que quedan, en términos de «valores espirituales»?
2. ¿Está planeando su vida para cuando esté al otro lado?

Querido Señor:
Estoy demasiado preocupado por asegurar mis riquezas en la tierra, en lugar de hacerlo en el cielo. Ayúdame a pensar en a quién o a quiénes o qué voy a dejar, y qué estoy haciendo para poner un fundamento en el cielo. Hazme siempre consciente de cuán temporal y volátil es este sueño de la vida. Amén.

Ya no tendrá que justificarse

Vuestro sí sea sí, y vuestro no sea no.
—Santiago 5.12

Cuando el apóstol Santiago escribió que «vuestro sí sea sí, y vuestro no sea no» estaba enseñando varios conceptos importantes. El más obvio y el único que siempre enseño es la importancia de mantener la palabra, o tener integridad.

Quiero referirme al hábito de la justificación que tantos de nosotros usamos en nuestro propio perjuicio. Muchas veces, donde hay una multiplicación de palabras, hay una ausencia de claridad y propósito. Si no me cree, lea las declaraciones de los políticos. Ellos parecen cubrir todas las bases pero nunca llegan a definir sus puntos. El objeto del juego parece ser que uno mantenga su atención en ellos mientras se presentan como inteligentes e informados, pero nunca nos permiten saber lo que están pensando, quizás porque ellos mismos no lo saben.

Así, una debilidad de la justificación es que hay una multiplicación de palabras en torno a lo que debería ser una clara comunicación. «Lo hice porque...» puede rápidamente transformarse en una forma de excusa. Y mientras más larga es la cola, más fácil es atrapar al animal.

Catherine Calhoun, mi consejera, me enseñó cómo actuar en las situaciones o conversaciones difíciles para mantener la claridad. Muchos fueron los días que caminamos por la ribera del Río Grande, representando papeles y actuando otras situaciones que iban desde pedir un aumento de sueldo hasta presentar la renuncia.

Hace poco, aconsejé a un miembro de la junta directiva de una corporación que había llegado a la conclusión de que había que despedir a uno de los vicepresidentes. Por más de un año hubo agitación y suspicacia y el vicepresidente, que era amigo personal de ese ejecutivo, había asumido una actitud dura y arrogante, justificando sus errores y negándose a escuchar razones. Este miembro de la junta me dijo al principio de la sesión de instrucción que había perdido el sueño, que tenía nudos en el estómago, y que temía la conversación que tendría que ocurrir. Le sugerí que dramatizáramos un encuentro entre él y el vicepresidente y me ofrecí para desempeñar el papel del vicepresidente recalcitrante mientras él exponía sus razones para el despido. La conversación se desarrolló más o menos así:

EJECUTIVO. Sam, le pedí que se reuniera conmigo hoy porque quiero hablarle del futuro de la compañía y su participación en él.

VICEPRESIDENTE (yo). Bueno. Nada está más dentro de mi corazón que el futuro de la compañía.

EJECUTIVO. Usted sabe que este año y medio ha sido muy difícil para todos aquí. No queremos repetir los errores del pasado.

VICEPRESIDENTE. No. Ciertamente que no. Aquí, entre usted y yo, Eric, me alegro que ya está cerca la elección de la nueva junta. Este último grupo ha sido muy terco, al punto que no he podido convencerlos de mis nuevas ideas. Le aseguro que estaré muy contento cuando tengamos un nuevo equipo que sea receptivo a mis ideas.

EJECUTIVO. Sam. No creo que vayamos a tener un nuevo grupo. Lo que quiero saber es ¿qué nuevas actitudes piensa desplegar que eviten que se repitan los errores del último año?

VICEPRESIDENTE. Como le dije, reconozco que cometí algunos errores. Pero este es un trabajo de equipo y no puede hacerme responsable por los errores de cada uno.

En ese punto interrumpí el diálogo y pregunté al ejecutivo si creía que el vicepresidente podría desarrollar nuevas actitudes que pudieran mantenerlo en el puesto.

Su respuesta fue: «No».

Entonces le pregunté por qué quería tener este tipo de conversación con él, la que lo haría pensar que habría alguna posibilidad de remediar la situación.

Su respuesta fue: «Estoy tratando de ser lo menos rudo que pueda».

—Usted dejó que él guiara la conversación, ¿verdad? —pregunté.

—Sí, así fue —admitió—. Y sus palabras fueron muy parecidas a las que él diría al tratar de razonar conmigo.

—¿Está seguro que el vicepresidente tiene que irse? —acoté.

—Sí —me contestó—. Sin ninguna duda.

—Entonces, ¿por qué está dejando espacio para la duda al tratar de tener esta conversación? Él va a intentar justificarse para mantener el puesto y usted tratará de justificar por qué, en una forma indirecta, él no está haciendo su trabajo y debe irse. Toda esta justificación a lo único que conduce es a la ofuscación y, en mi diccionario, esto significa agua estancada, no agua corriente.

—Tiene razón.

—Intentémoslo de nuevo —le dije—, pero esta vez yo seré usted y usted será el vicepresidente.

—Está bien. Intentémoslo de nuevo.

Ejecutivo (yo). Sam, esta reunión es muy difícil para mí porque usted y yo hemos sido amigos por mucho tiempo. Como sabe, este año y medio pasado hemos tenido muchos problemas en la compañía y eso no parece mejorar. Anoche la junta directiva se reunió de emergencia y desafortunadamente le dio a usted un voto de «censura». La decisión es que se le darán veinticuatro horas para responder con una renuncia o nos veremos en la necesidad de despedirlo.

> VICEPRESIDENTE. (Guardó silencio.)
> EJECUTIVO. Sé que esto es duro para usted, pero oro para que pueda ver que es lo mejor para todos. Estaré en mi oficina todo el día y espero su respuesta para mañana a esta hora.
> VICEPRESIDENTE. Bien. Parece que no tengo alternativa. Un amigo que me falló.
> EJECUTIVO. Sam, esta fue una decisión unánime de la junta, hecha por lo que consideramos es lo mejor para la compañía. Yo sigo siendo su amigo.

Usted podrá notar que en esta conversación, el ejecutivo tomó la iniciativa y presentó un hecho tras otro en vez de justificaciones o invitaciones débiles para complicar un camino que ya estaba agotado. Este no fue un diálogo respecto a establecer relaciones o tratar de entenderse. Fue un caso en que los hechos eran claros, la decisión ya se había tomado y no había vuelta atrás para ninguna de las partes. ¿Se fija cómo la primera conversación pudo haberse extendido hasta lo infinito, con el ejecutivo sintiéndose más y más complicado y frustrado y con el vicepresidente llevando la iniciativa en ese remolino?

Mi siguiente actuación fue con una señora que temía decirle a su doctora que había buscado una segunda opinión sobre la operación en la espalda, y que había decidido que no se operaría sino que optaría por un tratamiento convencional. Esta paciente había visto cómo la doctora se ponía de mal humor con otras personas y había sido testigo de cómo echó de su consultorio a alguien que se había atrevido a contradecirla.

Betty me dijo:

—¡Tengo miedo de hablarle! ¿Y si me echa a mí también?

—Bueno, es su cuerpo que va a ser cortado, no el de ella, así es que usted tiene toda la autoridad y la capacidad de tomar la decisión final.

Le pregunté si habría algo que la doctora pudiera hacer o decir para hacerla cambiar de opinión.

—No —me dijo—. Ya es una decisión tomada.

—Bien. Vamos a crear una situación. Usted será la paciente y yo la doctora.

BETTY. Doctora Richards, ¿podría decirme otra vez por qué cree que necesito operarme de la espalda?

DOCTORA (yo). Ya se lo dije, señora Taylor. Los exámenes muestran que usted es una excelente candidata para este procedimiento.

BETTY. ¿Podría haber una razón para no someterme a la cirugía?

DOCTORA (alzando la voz). Señora Taylor. Ya le di mi diagnóstico. Si no le gusta lo que le dije puede ir a otro médico.

BETTY (suavizando la voz). Doctora, es que yo solo me preguntaba...

En ese punto, Betty admitió que se estaba empezando a asustar y que pudo sentir cierta presión en el pecho ante la posibilidad de que la doctora se molestara.

Repetimos el ejercicio, cambiando los papeles. Ahora yo era Betty y Betty la doctora.

YO (como Betty). Doctora Richards, estoy muy contenta de haberla tenido como mi médico estos años y realmente admiro el trabajo que hace. Como sabe, no quiero operarme de la espalda. Llevé los exámenes a otro médico que se especializa en tratamiento de la columna. Me dijo que los exámenes eran poco concluyentes y que mi mal podría curarse con un tratamiento convencional. Necesito saber si usted está de acuerdo con este diagnóstico. Si no comparte este criterio, lo entenderé y de todos modos le estoy muy agradecida por lo que ha hecho en mi caso.

DOCTORA. Usted tiene derecho a buscar una segunda opinión. Si escoge una alternativa que a mí me parece que no es la mejor, debo pedirle que busque a otro doctor.

YO. Me imaginaba que reaccionaría así. Gracias de nuevo por toda su ayuda. Adiós.

Después de ese ejercicio, Betty pudo ver que necesitaba tomar la iniciativa en la conversación y ser clara, sin entrar en detalles ni en justificaciones acerca de la decisión que había tomado sobre su propio cuerpo. Es interesante que cuando la conversación real se produjo, la doctora Richards estuvo de acuerdo en que siguiera con el tratamiento que la eximía de la cirugía. Todos los razonamientos y justificaciones que pudo haber expuesto Betty resultaron innecesarios una vez que expuso claramente la verdad.

Jesús dijo que la verdad nos haría libres. Cuando uno sabe cuál es la verdad, entonces hay que exponerla claramente y sin justificar nada.

Otra razón para evitar las justificaciones es que la gente que es por naturaleza manipuladora a menudo mantiene a los demás hablando para poder insertar una frase o una idea que pueda llevar la conversación hacia donde ellos quieren. Recuerde, mientras más corta sea su cola, más difícil será que lo agarren.

Jesús no se justificó ante sus acusadores. Tampoco dio una explicación larga y detallada sobre quién era o lo que hacía. Simplemente lo hizo. Y, simplemente, «fue».

«Que vuestro sí sea sí, y vuestro no sea no». Los que aprenden cómo hacer esto avanzan mucho más rápido porque se mueven en el poder de la verdad.

PREGUNTAS

1. ¿Cuándo y dónde se ha encontrado justificando sus acciones? ¿Le parece que esto sea un signo de fortaleza o de debilidad?
2. Dedique los próximos dos o tres días a informarse cuándo y dónde las personas empiezan a justificar o a bloquear sus acciones y pensamientos. ¿Cuáles podrían ser sus motivos?

3. Una vez que se haya convencido de lo justo de una acción tomada, procure en la siguiente semana no justificar nada. Y mantener su posición ante lo hecho.

Querido Señor:
Ayúdame a ser más claro en mis decisiones y más firme para tomarlas. Ayúdame a no dar ninguna palabra extra o innecesaria a aquellos que gustan de manipular o engañar para que la usen en mi contra. Amén.

TENDRÁ NUEVAS PERSPECTIVAS

ENJUGARÁ DIOS TODA LÁGRIMA DE LOS OJOS DE ELLOS; Y YA NO HABRÁ MUERTE, NI HABRÁ MÁS LLANTO, NI CLAMOR, NI DOLOR; PORQUE LAS PRIMERAS COSAS PASARON.
—APOCALIPSIS 21.4

Jo me invitó a acompañarla al Oasis Water Park a donde llevaría a su hijo Donny, de cinco años. Era un día de invierno excepcionalmente caliente en Phoenix y estábamos decididas a disfrutar juntos del agua y del sol. Después de un agradable tiempo en la piscina, donde disfrutamos de las risas del pequeño Donny, fuimos al sauna.

Mientras nos dirigíamos hacia allá, el pequeño Donny vino tras nosotras, pero de repente se volvió y brincó con los pies por delante dentro del agua pasando muy cerca de uno de los escalones. Se hundió hasta el fondo de la piscina.

Ambas le gritamos, pero era demasiado tarde. Después de unos segundos, subió a la superficie en posición encorvada e inmóvil. Nosotras y el salvavidas saltamos al agua para socorrerlo.

Jo llegó primero hasta donde estaba él, poniendo suavemente su mano sobre la espalda del niño. Este levantó la cabeza, abrió los ojos y mientras el agua le corría por la cara, se encontró con tres adultos que con rostro preocupado, lo miraban.

—¿Qué hiciste? —le preguntó Jo—: Nos asustaste.

—Estaba tratando de hacer una burbuja humana —respondió.

Jo habló ahora pero con un tono diferente:

—Donny, ¿cuántas veces tendré que decirte que no saltes así a la piscina?

Y estaba lista para lanzar la segunda parte de su reprensión cuando Donny la miró con esa carita inocente, tan propia de los niños, y le dijo:

—Mami, si tú fueras un pájaro, ¿qué estarías viendo ahora?

Sorprendida por la pregunta, Jo se vio transformada de una persona adulta lista para seguir reprendiendo a su hijo, en un águila planeando en las alturas.

Más tarde, Jo y yo nos reíamos al comprobar la habilidad de Donny para cambiar el rumbo de la situación. Eso me hizo pensar en la forma en que Jesús manejaba las situaciones con personas que se enredaban en apariencias de realidad pero que no veían el cuadro completo.

Jesús miró a la pequeña que, demacrada, permanecía en su lecho. «Ella no está muerta, sino que duerme», dijo con toda calma. De esa manera, le ofrecía a la familia un cambio de perspectiva que los llevara a un desenlace diferente.

«Destruid este templo, y en tres días lo levantaré», dijo en otra ocasión. Aquí estaba ofreciendo un cambio de perspectiva sobre la temporalidad de la vida y el poder que la gente creía tener para destruirla permanentemente.

En la reunión a la que asistí de la Cumbre de Ejecutivos de la *International Coaching Federation* se discutió mucho sobre este punto. Cuándo y cómo está realmente el entrenador desarrollando liderazgo. El trabajo del líder es, primero, cambiar la perspectiva de una situación. El trabajo del entrenador es lo mismo.

«Percepción igual a realidad» es una frase que aprendí en mi clase de Mercadotecnia 101 en la universidad. Y esto es verdad en casi cada esfuerzo humano. Los psicólogos han documentado el hecho que no son las cosas que nos ocurren las que en realidad nos dañan sino la forma en que las percibimos.

En la extraordinaria película *Life Is Beautiful*, un padre y su hijo son llevados a un campo de concentración durante la II Guerra Mundial. Tratando de proteger a su hijo de lo horrible de esta situación, le dice que ese es un juego, y que el primero que sea presa del miedo, pierde. De alguna manera logra convencer al muchacho que nada de la crueldad que están viendo es real, sino solo un juego que se está desarrollando. Incluso le anticipa el final, diciéndole que vendrá un gran tanque con hombres sonrientes que decidirán quién ha sido el ganador. Cuando un tanque de los aliados entró al campamento, el niño salió a saludarles brincando y gritando: «¡Ganamos! ¡Ganamos!» El cambio de percepción del padre protegió al niño del daño emocional y mental.

Jesús hace lo mismo por nosotros. Cuando dice que «enjugará toda lágrima» nos está enseñando que nosotros también nos encontramos en un juego que tendrá un final feliz sin importar cómo sea la vida ahora.

Es posible que se encuentre en medio de una decisión difícil y a punto de dar el paso más grande de su vida, y que piense que no tiene la fuerza o la capacidad necesarias para vencer.

Pero Jesús, como el entrenador para la vida, está a su lado, diciéndole: «Querido, ¿cómo crees que verías este problema si supieras volar y lo miraras desde la altura, como un águila?»

PREGUNTAS

1. ¿Qué situación está enfrentando actualmente que lo tiene todo confundido?

2. ¿Cómo cree que un águila vería su situación desde la altura?

3. ¿Cómo podría ayudar a otros a tener una perspectiva diferente cuando están enfrentando dificultades aparentemente insuperables?

Querido Señor:
Tú dijiste que estábamos hechos de espíritu, no de carne. Ayúdame a mantener mi perspectiva espiritual en todos mis sufrimientos, sabiendo que estás a mi lado y ves y conoces el final feliz que me espera. Amén.

LE HARÁN
PETICIONES INUSUALES

DE CIERTO, DE CIERTO OS DIGO:
EL QUE EN MÍ CREE, LAS OBRAS QUE YO HAGO,
ÉL LAS HARÁ TAMBIÉN, Y AUN MAYORES HARÁ.
–JUAN 14.12

No sé cómo alguien que se proponga seguir a Jesús podría aburrirse. Como dice la escritora Anne Dillard, si de verdad supiéramos a quien estamos adorando, todos usaríamos cascos en la iglesia.

Jesús no vino a reforzar su zona de comodidad sino a cambiar su tan limitada perspectiva.

Él no le pide que ande dando pasos por aquí y por allá, sino que ascienda los grandes edificios de un solo intento. Su pedido es posible que haga que usted deje atrás todo lo que pensaba que conocía.

Jesús pasó desde su posición fetal hasta vivir y morir plenamente —con sus brazos extendidos todo lo que físicamente se podía— y Él pide lo mismo a usted y a mí.

Él también dijo: «Todo el que procure salvar su vida, la perderá» (Lucas 17.33). En otras palabras, si usted trata de preservar su individualidad, estará desperdiciando su existencia y terminará vacío. Pero si está dispuesto a renunciar a todo aquello que cree que conoce y va por donde Él le indique, recibirá bendiciones más allá de lo que se pueda imaginar.

Según mi amigo Doug Hall, autor de *Meaningful Marketing* (Beterway Publications, 2003) la mayoría de las personas rechaza automáticamente las nuevas ideas cuando se las presentan por primera vez. Es solo después de oírlas repetidamente que los conceptos empiezan a parecer posibles. Y es después de una mayor exposición a tales ideas que se presentan no solo como posibles sino necesarias. Sin duda que Dios tiene ideas extrañas que pueden ser vitalmente necesarias para usted.

Ha sido para mí una bendición tener a menudo la posibilidad de ayudar a personas a descubrir el propósito divino para sus vidas. Y no deja de sorprenderme cuando una vida puede cambiar repentina y radicalmente al escuchar esos inusuales pedidos de Dios. En este laboratorio que es mi vida he visto a sacerdotes transformados en entrenadores de esquí, altos ejecutivos convertidos en pastores de jóvenes y pastores de jóvenes transformados en altos ejecutivos. He visto a amas de casa convertirse en artistas, presos convertidos en panaderos, estudiantes en predicadores, enfermeras en madres, abogados en fabricantes de vinos y contadores públicos en distribuidores de galletas en guarderías infantiles. Y los he visto encantados en sus trabajos.

Una cosa es que le pida a Dios lo que usted quiere. Los verdaderos cambios ocurren cuando le pregunta a Dios que es lo que Él quiere de usted.

Aquí es cuando ocurren las transformaciones.

Piense en las transformaciones que tuvieron lugar en torno de Jesús de Nazaret.

Él transformó a pescadores en pescadores de almas, a mujeres parias en heroínas honorables, a cobradores de impuestos en consejeros, a médicos en poetas y a asesinos en líderes de iglesias.

Jesús tomó el pan y lo partió y ese día alimentó a más de cinco mil personas. De igual manera, tomará el pan de su vida y le preguntará: «¿Puedo partir esto contigo?» Si accede y le dice «Sí», será multiplicado en maneras que nunca soñó. Si dice que no, se quedará con su minúsculo sandwich.

Preguntas

1. ¿Qué demandas inusuales le está haciendo Jesús, su entrenador?
2. ¿Qué diría si lo que le está pidiendo llegara a ser realidad?
3. ¿Qué diría si lo único que está impidiendo que eso suceda es usted?
4. ¿Qué pasaría si usted suelta el freno y decide echar a andar?

Querido Señor:
Tú eres el que haces los caminos y los conoces. Ayúdame a confiar en ti, a sencillamente confiar y decirte «Sí» cuando tú me digas «¡Vamos!» Amén.

RESPETARÁ SUS ÁREAS SENSIBLES

MI CASA SERÁ LLAMADA CASA DE ORACIÓN PARA TODAS LAS NACIONES, MAS VOSOTROS LA HABÉIS HECHO CUEVA DE LADRONES.
—MARCOS 11.17

Con más de un millón de kilómetros acumulados, he tenido bastante tiempo para reflexionar sobre la anatomía de los aviones. Cada vez que la ventanilla del lugar donde estoy sentada me permite ver las alas, miro hacia fuera con algo de preocupación y no poca oración mientras leo una frase pintada en una pequeña sección del ala que dice: «No camine por aquí». Mi oración es que nadie lo haga. Obviamente aquella pequeña parte movible de la inmensa extensión metálica es muy sensible. Un paso en falso podría causar suficiente daño como para hacer que el avión se caiga.

De lo que muchos de nosotros no nos damos cuenta es que tenemos ciertas áreas del alma que tienen la misma frase: «No camine por aquí». Pero de alguna manera, debido a nuestra propia negligencia, permitimos que otros pisoteen nuestras «áreas sensibles» y luego nos preguntamos por qué no parecemos tener la energía que necesitamos para despegar.

Algunas personas que están al servicio de otras, y especialmente aquellas que son cristianas, a menudo creen que deben dar todo lo que tienen todo el tiempo a todos los que le piden de todo. Esto me hace recordar la ilustración que el caricaturista Gary Larson hace de su *Boneless Chicken Ranch* [Rancho «El pollo sin huesos»]. Su dibujo muestra a un montón de pollos incapaces de mantenerse en pie o de alzar sus cabezas, tirados por el piso como alfombras.

Jesús fue bien específico en su trabajo. Él no sanó a toda la gente en Jerusalén. No resucitó a todos los muertos. Él conocía su misión y se consagró a ella. También fue muy consciente de sus límites.

Aquella mañana cuando María vio a Jesús después de la resurrección, Él le dijo: «No me toques». Pero más tarde, ese mismo día, permitió que Tomás metiera sus manos en sus heridas. Parte de proteger sus áreas sensibles es reconocer cuándo, dónde y cómo subir y bajar sus fronteras personales en el momento apropiado.

Cuando empecé a dirigir nuestros seminarios de entrenamiento *Path* de dos días de duración, me sorprendí de la tremenda energía que fluía de mí hacia las personas en el grupo. En un cuarto cubierto por oración y lleno de gente que estaba agudamente interesada en discernir la voluntad de Dios para sus vidas fue sorprendente ver cómo el Espíritu Santo trabajó a través de risas y lágrimas cambiando vidas y destruyendo patrones de conducta.

Quienquiera que haya dirigido grupos de esta clase sabe que para estar completamente concentrado en la persona o personas que tiene enfrente, tendrá primero que echar abajo escudos protectores, filtros y barreras para que el Espíritu Santo pueda fluir y guiarlo.

De lo que no me di cuenta fue de lo débil que me sentía al día siguiente de terminados los seminarios. Creía que podía pasar sin problemas de una experiencia de viernes a domingo a una semana plena el lunes. Pero a través de costosos errores aprendí que necesitaba tomarme un tiempo para dejar que mi copa volviera a llenarse; de lo contrario, no tendría nada que dar, ni siquiera sentido común. No podría mantener mi pujante relación con Dios al nivel que necesitaba estar sin pasar un tiempo a solas para ser llena de nuevo.

Jesús hizo lo mismo. Con frecuencia se apartaba para orar y ser lleno para el trabajo agotador que tenía que hacer cada día. Su punto sensible era su relación única, intensa, cara a cara con Dios el Padre, y no dejó que nada interrumpiera ese tiempo.

Cuando volcó las mesas de los que cambiaban dinero en el templo, dijo indignado: «La casa de mi Padre es casa de oración, pero ustedes la han hecho cueva de ladrones» (paráfrasis de la autora, Mateo 21.13). Él sabía que esta conexión —el punto sensible de la oración— necesitaba nutrirse y protegerse cada día. Cuando leo de nuevo este pasaje de la Escritura, me pregunto dónde he dejado que los ladrones pongan sus mesas y empiecen a regatear conmigo, impidiéndome, en efecto, entrar en relación con Dios.

El tiempo de oración, de meditación a solas, es una de las formas de proteger y respetar sus puntos sensibles. Jesús nos enseñó a cuidar este aspecto, de lo contrario no podremos volar.

PREGUNTAS

1. ¿Cuál cree que es el punto más sensible en su vida?

2. ¿Quién o qué está entrometiéndose en ese punto?

3. ¿Por qué cree que ha permitido que esto ocurra?

4. ¿Cuáles podrían ser las consecuencias de no cuidar su punto sensible?

5. Imagínese lo que podría ser su vida si da a su punto sensible el tiempo y el espacio que necesita.

Querido Señor:
Tú me creaste con una necesidad de ti. Cuando me aparto de ti, no puedo hacer nada por más ocupado que parezca estar. Tráeme de nuevo a mi punto sensible ¿el lugar sagrado de nosotros? aquellos momentos intensos e íntimos en los que estamos juntos. Amén.

Tendrá algunos días malos

Dios preparó un gusano,
el cual hirió la calabacera, y se secó.
–Jonás 4.7

Jonás estaba desesperado. La ruina que profetizó contra Nínive se desvaneció debido a que el pueblo había atendido al mensaje y se había arrepentido.

Jonás se deprimió y una planta de calabacera le dio sombra.

Pero al día siguiente, el mismo Dios que la había hecho crecer ordenó que un gusano la destruyera. Dios necesitaba enseñar a Jonás que era Él quien controlaba la situación y que tenía todo el derecho de cambiar de parecer.

Si hay algo que todos deseamos en estos tiempos caóticos e inciertos es el orden. El fundamentalismo radical surge cuando pareciera no haber nada cierto a lo cual aferrarse. El ver las cosas en blanco o en negro, reglas que no pueden ser violadas, «o es como yo digo o no es nada» trae cierto grado de tranquilidad a personas con baja tolerancia para la creatividad que puede venir del caos.

Los pensadores políticos que hoy día más quieren apegarse a la Constitución son considerados conservadores por casi cualquier regla práctica. Pero aquellos que crearon la Constitución fueron de hecho artistas de cambios radicales que en su tiempo eran considerados por muchos como liberales fuera de serie. «¿Ustedes quieren arrebatarle el poder a la monarquía y entregárselo al pueblo? ¡Deben de estar locos!» Los Estados Unidos surgieron de un ambiente de caos y confusión. El *universo* surgió del caos y la oscuridad. Con cuánta frecuencia tendemos a olvidar esto.

Los que creen que Dios no existe están también ignorando u olvidando el estilo radical de liderazgo de «estar firme y pensar con el corazón» que Jesús encarnó.

Jesús nació en una cueva, no en un palacio. Durmió, no sobre lino fino sino, sobre paja. Estuvo rodeado no de médicos, sino de pastores e inmigrantes.

Creció pobre, o a lo menos no más rico que una familia de clase media. No satisfizo las exigencias de magnificencia que se esperaban de él. Y luego, para colmo, vivió con pecadores, cobradores de impuestos, personas incapacitadas y pescadores (de ninguna manera el tipo de compañía que una madre desearía para su hijo primogénito). Jesús se sentía cómodo con el caos. En efecto, pareció crearlo dondequiera que iba. Como mi abuelo acostumbraba a decir mientras sonreía: «Dondequiera que fue, creó conmoción»:

- Volcó las mesas en el templo.
- Convirtió el agua en vino en una boda.
- Habló con una mujer aislada por la sociedad.
- Redujo la Torah a una sola frase.
- Sanó a un hombre en sábado.
- Alabó a una mujer por «desperdiciar» un perfume muy costoso.
- Reprendió a los líderes religiosos por su dureza de corazón.
- Puso a presos en libertad.
- Transformó las cenizas en belleza.
- Volvió las túnicas de muerte en trajes de bodas.

La lista puede seguir indefinidamente.

Cuando la gente pensaba que Jesús iba, Él venía. Y cuando pensaban que se dirigiría a ellos, los sorprendía tomando otra dirección. ¿Estaba loco, como algunos miembros de su familia temían? ¿O estaba allí, oculta y cubriéndolo todo, una fe divina que solo podía ser vista desde arriba?

Tuve el privilegio de pasar un tiempo con Mike Yaconelli, propietario y fundador de *Youth Specialties*, una organización que sirve a directores de jóvenes de toda la nación. Mike tenía una pasión por los directores de jóvenes habiendo sido él uno de ellos. Así, veinticinco años atrás, decidió tener una reunión para directores de jóvenes en un simpático hotel en lugar de un modesto campamento «para que se pudieran ver como gente importante». Hoy día, Youth Specialties atiende a más de doce mil directores de jóvenes a lo largo y ancho del país, animándoles y preparándoles para servir en sus tareas tan especiales.

En la reunión que sostuve con Mike, nos encontramos en el Green *Room* de Nashville. Yo estaba a punto de hablar a un grupo interdenominacional de cinco mil directores de jóvenes que habían estado participando en un concierto de música *hip-hop* y disfrutando con un comediante cristiano. Aquellos preliminares no eran típicos en mi experiencia. En esos pocos minutos, Mike y yo logramos un buen entendimiento. Me dijo: «Espero que sea consciente que puede echar a perder su reputación relacionándose con nosotros». Me reí y le respondí: «¡Vamos a ver!»

Cuando no está viajando para servir a los líderes de jóvenes, Mike y su esposa viven parte de su tiempo en una casa bote en San Diego, donde pastorea lo que él llama, «la iglesia de más lento crecimiento en los Estados Unidos». Mike me regaló un ejemplar de su libro más reciente, *Messy Spirituality*, el que devoré en el avión mientras regresaba a casa.

En ese libro, Mike cuenta la historia de una jovencita que un domingo pasó al púlpito en su iglesia y empezó a recitar el pasaje bíblico para ese día, poniendo en ello todas las fibras de su ser.

Durante meses, había pedido al pastor que le permitiera hacerlo, a lo que el pastor por fin accedió. Ella estudió y practicó persistentemente en su cuarto y casi no podía esperar la llegada del día en que cumpliría su deseo. Lo que los ángeles oyeron y vieron fue un corazón derramándose a Dios en gozo y celebración. Lo que los miembros de la congregación oyeron y vieron fue una niña con parálisis cerebral pronunciando trabajosa y lentamente cada palabra. Necesitó quince minutos para leer el pasaje de dos versículos. Cuando finalizó, se volvió al pastor con un aire de triunfo, quien le sonrió y la felicitó con entusiasmo. Las lágrimas corrían por las mejillas de ambos.

Inmediatamente después del servicio, dos oficiales de la junta directiva de la iglesia esperaban, furiosos, al pastor en su oficina. Con estas palabras, lo recriminaron y amenazaron con despedirlo por ofender e insultar a la congregación: «Usted deberá entregar esa responsabilidad a personas que sepan leer la Escritura y, además, deberá terminar el culto a tiempo, ¿entendió? Caso contrario no podrá seguir pastoreando aquí». El pastor, agobiado por tales palabras, se limitó a agachar la cabeza.

Al siguiente día, renunció. El pastor era el papá de Mike.

Mike, y sus padres antes que él, y yo y mi madre también, creemos que Dios nos ama incluso con todas nuestras imperfecciones. El subtítulo del libro de Mike es *God's Annoying Love for Imperfect People* [El molesto amor de Dios por las personas imperfectas]. ¿No le parece que eso lo dice todo cuando se trata de Jesús?

Por lo general, reconocemos nuestras propias imperfecciones. Pero a veces nos olvidamos que Dios también se molesta.

La escritora Anne Lamott describió a Jesús como un gato que se mantuvo tras ella, rehusando alejarse. Pablo sin duda habría escogido algo diferente a ser pateado por su burro como una forma de recibir un mensaje. Seguro que María no debe de haber estado nada contenta cuando Jesús rehusó acudir cuando ella lo llamó.

A veces, el amor de Dios es molesto. Las cosas no siempre salen según nuestros planes.

Tengo una amiga llamada Belle que es muy poco convencional en su manera de relacionarse con la gente. Un amigo común llamado Chris, que es bastante compulsivo con su ropero y sus gavetas, a menudo se enfurece cuando Belle va a una de sus fiestas porque inevitablemente encontrará toda su ropa revuelta y su ropero arreglado según el gusto de ella. ¡Qué amiga más tediosa! Pero Chris necesita a Belle en su vida casi tanto como a cualquiera. Porque Belle está llamada a enseñarle que la vida a veces puede ser confusa pero que a pesar de eso, el amor está aun ahí. El amor sobrevive a cualquier situación.

A Jesús le gustaba reír y participar en tertulias poco convencionales e informales y llenas de gente informal y poco convencional. ¿No le alegra que usted y yo estemos también invitados?

(¿Ha tenido un mal día? Quizás Jesús lo ha animado pasándole la mano por sus cabellos.)

PREGUNTAS

1. ¿En qué parte de su vida está tratando de evitar un caos?

2. ¿Dónde podría estar Dios en medio de todo esto?

3. ¿Qué significa para usted el término espiritualidad confusa?

4. ¿Cree que el papá de Mike actuó correcta o incorrectamente?

5. ¿Cómo habría reaccionado usted si hubiese estado en esa congregación?

6. ¿Cuándo fue la última vez que Jesús acarició sus cabellos?

Querido Señor:
Las cosas no siempre van como yo quiero. Ayúdame a recordar que tu orden divino y amoroso está detrás y debajo de todo. Y que tú a veces podrás acariciar mis cabellos y decir: «Relájate. Yo te amo». Amén.

DEJARÁ LOS REMORDIMIENTOS ATRÁS

NINGUNO QUE PONIENDO SU MANO
EN EL ARADO MIRA HACIA ATRÁS,
ES APTO PARA EL REINO DE DIOS.
—LUCAS 9.62

Quizás uno de los dichos que con más frecuencia he oído este año haya sido: «No se muera mientras tenga ganas de hacer algo».

Cuando Jesús llamó a los pescadores: «Síganme, y yo los haré pescadores de hombres», en realidad les estaba diciendo: «Síganme, y vivirán una vida libre de remordimientos. Síganme y podrán hacer realidad todo lo que hay en ustedes».

Cuando niña, estuve obsesionada por la idea de que podría morir sin que las personas a las que amaba supieran que las amaba. No estoy segura que ese sentimiento se debiera a los ensayos diarios que teníamos en la escuela, cuando nos metíamos debajo de los escritorios para protegernos de un ataque nuclear o a la sangre galesa que corría por mis venas y que según mi abuela estaba llena de filosofía poética. Pero de lo que estoy segura es que cuando tenía unos diez años empecé a escribir poemas de amor y notas y tarjetas con todo entusiasmo. (Hace algún tiempo, mi madre llenó diez cajas grandes con tarjetas y notas que yo le había mandado a través de los años y, sonriendo, me dijo: «Querida, creo que fuiste clara en tus sentimientos. Ya sé que me amas, pero ahora quiero que me digas ¿qué vamos a hacer con todo esto? No sé dónde ponerlo».)

En cierta ocasión, mi amiga y mentora Catherine Calhoun y yo observamos asombradas cuán a menudo la gente con la que hablamos rompe a llorar. La característica que Catherine y yo tenemos en común, lo cual posiblemente sea el motivo de aquellas lágrimas, es que nos encanta preguntar: «Si todas las cosas fueran posibles, ¿qué harías con tu vida?» Ella le ha hecho esta pregunta a pastores, a altos ejecutivos y a mozos de hotel y yo la he hecho en mil maneras diferentes.

Dios quiere que los tigres sean tigres y los corderos, corderos y ninguno de estos ha pensado que debe ser otra cosa. Nunca antes en la historia del mundo una civilización ha sido más capaz de vivir vidas plenamente expresadas y desarrolladas, pero las estadísticas todavía dudan que se trate de la nuestra.

Los Estados Unidos tienen más gente en las cárceles que cualquier otro país, excepto Rusia. Quizás por la idea de que la tierra del valiente es también la del libre. La libertad solo puede venir desde adentro y Jesús fue inflexible en enseñar este concepto. Nosotros creamos nuestras propias prisiones. Nos encerramos detrás de barrotes que nosotros mismos nos hacemos. Jesús nos ofrece la llave, pero nosotros somos los únicos que podemos usarla.

En una entrevista con la cantante de música pop Whitney Houston, Diane Sawyer le preguntó: «¿Cuál de estas drogas fue el demonio para usted? ¿El crack? ¿La cocaína? ¿La heroína?» Whitney la miró por unos segundos y luego le dijo: «Ninguna de las tres fue el demonio. Lo fui yo. Yo tenía la libertad de elegir».

Los remordimientos vienen por las cosas que nos habría gustado haber hecho de manera diferente. Pero creo que si solo nos tomamos el tiempo para proyectarnos un poco en el futuro, podemos forjar una vida libre de remordimientos.

En una ocasión, Carl Jung dijo: «Nada afecta más la vida de un niño, que la existencia no realizada de sus padres». Es difícil creer que este fenómeno de «vidas no realizadas» tenga tanto que ver con la configuración de nuestra propia existencia. Tómese unos minutos ahora mismo y trate de recordar en qué aspectos su padre o su madre tuvieron vidas no realizadas. Una vez que lo recuerde, vea cuánto de su propia vida ha sido determinada por ese remordimiento... por las cosas que su padre quiso, pero no fue capaz de hacer. Quizás fueron las circunstancias que hicieron que sus padres tuvieran vidas insatisfechas. Pero quizás fueron decisiones que hicieron o que dejaron de hacer lo que les impidió realizarse.

Mirando al futuro, ¿qué «vida no realizada» está enfrentando?

Jesús estaba refiriéndose a esto cuando dijo, en esencia: «No construyan graneros más grandes. Construyan una vida más grande».

PREGUNTAS

1. Basado en la vida que ha vivido hasta ahora, ¿cuáles son sus remordimientos?

2. Basado en la vida que tiene por delante, ¿cuáles podrían ser sus remordimientos?

3. Mencione tres acciones que va a llevar a cabo hoy para asegurarse de que aquello no ocurra.

Querido Señor:
Tú no moriste dejando de hacer alguna cosa. Ayúdame para que en mí ocurra otro tanto. Amén.

HONRARÁ A SUS ANTEPASADOS

HONRA A TU PADRE Y A TU MADRE, PARA
QUE TUS DÍAS SE ALARGUEN EN LA TIERRA.
–ÉXODO 20.12

No hace mucho me encontraba descendiendo de un avión en el aeropuerto de Chicago después de un viaje de tres horas y media. El vuelo se había retrasado y los pasajeros estaban ansiosos por salir para hacer sus conexiones. Pero para sorpresa nuestra, uno de los sobrecargos escogió a una frágil anciana para que fuera la primera en salir ayudándola a caminar por el pasillo del avión. El paso de la anciana era lento y cuidadoso. Ponía primero su bastón delante de ella y luego avanzaba, un pasito tras otro. Pude sentir las ansias de la gente detrás de mí, que gustosos habrían pasado por sobre la señora de paso lento y edad avanzada. Pero, extrañamente, nadie se atrevió a hacerlo. Recuerdo que pensé: *Es bueno que a veces caminemos lento y al ritmo de quienes nos han precedido.*

No dejé de alarmarme cuando leí que nuestra cultura occidental es la única que culpa a sus antepasados en lugar de honrarlos. Ha llegado a ser la norma culpar de nuestros males y psicosis a nuestros pobres padres que o nos ignoraron o nos mimaron, nos apresuraron o nos retardaron, nos dieron malos ejemplos, abandonaron o sobreprotegieron. Una terapeuta amiga dijo, mientras almorzábamos una ensalada: «Freud le hizo un pésimo favor a la humanidad cuando afirmó que básicamente todo se debe a las fallas de la madre». Mientras casi inadvertidamente sacaba un cigarrillo del paquete, añadió: «Tal vez yo no habría sido adicta a esta porquería si mi madre no hubiera fumado tanto mientras estaba embarazada de mí».

Aunque es sabio examinar los patrones de conducta de nuestros padres, tanto los negativos como los positivos, a la postre nos hacemos un favor cuando podemos bendecirlos y honrarlos de algún modo.

El quinto de los Diez Mandamientos dice: Honra a tu padre y a tu madre para que seas de larga vida sobre esta tierra. Este es el único mandamiento que trae adjunto una bendición garantizada.

Jesús honró a su madre cuando vio desde la cruz que tenía que preocuparse de ella después que él muriera. «Juan, esta es ahora tu madre. Madre, este es ahora tu hijo», le dijo en sus horas finales mientras su vida se apagaba.

Honrar a su padre y a su madre no significa que no ponga límites con ellos. Jesús estableció un límite con su madre cuando ella quiso que Él fuera y le hablara, quizás entorpeciendo su trabajo (Marcos 3.31,35). En este ejemplo, Él no accedió a su deseo, diciendo que su familia incluía «a todo el que hace la voluntad de Dios». Pero la Biblia también nos dice que Él crecía en sabiduría y favor con sus padres, escuchando sus lecciones y aprendiéndolas bien (Lucas 2.52).

A mí me parece que nuestra cultura nos alejó de la costumbre de honrar a quienes nos han amado y criado. Nuestra actitud casi narcisista también nos ha llevado a culpar a nuestros antepasados por todo lo que *no hicieron* por nosotros.

La comediante Roseanne acostumbraba hacer chiste de su queja en la televisión. Dirigiéndose a los niños, decía: «Veamos. Hasta aquí los he mantenido vivos, ¿verdad? Pues, ahí termina mi responsabilidad».

Disfruté leyendo en la revista *People* un artículo acerca de un hombre que compró un hogar para ancianos en un pueblo pequeño y lo renovó para combinarlo con un centro para preescolares. Después de eso, cada niño tiene su «abuelo», e incluso en las instalaciones han establecido un pequeño zoológico de mascotas donde los ancianos pueden disfrutar de la compañía de sus lanudos amigos.

El propietario dijo: «Observé los hogares para ancianos y descubrí que la meta era simplemente alejar de allí el dolor. Pero eso no es suficiente. Vida, significa presencia de gozo, por eso he tratado de traérselo».

También creo que casi todo lo que ocurre en las noticias es una metáfora para la condición de nuestro espíritu humano colectivo. Por ejemplo, quedamos asombrados cuando supimos de una madre que había dejado a dos hijos preescolares solos en casa mientras iba a encontrarse con un amigo al que había conocido por Internet. Los niños estuvieron arreglándoselas solos por dos semanas hasta que una vecina vio que la correspondencia se iba amontonando y nadie la recogía. Se preocupó y llamó a la policía. Cuando la madre fue detenida y esposada, un reportero le preguntó qué les diría a sus hijos, a lo que ella respondió: «Que soy una mala madre pero que los quiero entrañablemente». ¡Cómo me enfureció! Pero cuando pensé en lo que nos dice esa historia, me di cuenta que como sociedad, a menudo somos como esa madre: Dejamos a nuestros hijos abandonados mientras vamos tras una felicidad huidiza que la tecnología nos promete con sus centelleos y resplandores.

Ray Anderson, alto ejecutivo de *Interface*, contó de una vez que habló en Santa Fe sobre el tiempo cuando era inflexible en cuanto a que su firma textil se preocupara del medio ambiente y buscaba toda forma posible de reducir la contaminación. Recordó que uno de sus empleados dijo: «¿De dónde sacó Ray esta nueva idea? ¿Se habrá vuelto loco?» Ray se inclinó hacia adelante mientras hablaba y dijo, con palabras cuidadosamente escogidas: «Sí, me he vuelto loco. Pero sé con lo que nos vamos a encontrar en el recodo del camino si no cambiamos algunas cosas. Y pasaré el resto de mi vida asegurándome que mis hijos, y los de ellos, tengan una tierra verde donde jugar».

Recientemente, un teólogo escribió que en nuestro pensamiento debemos ir desde «el púrpura celestial al verde terrenal», dejando de pretender dominar el mundo sino respetándolo.

Respeto. Y honra. Debemos honrar a los que vinieron antes que nosotros o no podremos avanzar. Y debemos honrar a los que vienen después de nosotros viviendo vidas centradas y de respeto a la tierra.

Jesús honró a su madre incluso desde la cruz, asegurándose que se preocuparan de ella. Y vivió cada segundo de su vida tratando de hacer la voluntad de su Padre. Él no culpó a sus antepasados de sus problemas. Tampoco debemos hacerlo nosotros.

PREGUNTAS

1. ¿Cómo está honrando usted a su padre y a su madre?

2. ¿Cuál es la diferencia entre poner límites y honrar?

3. ¿Por qué es importante caminar a veces despacio en las huellas de quienes han venido antes que nosotros?

4. ¿A quién está culpando por sus problemas actuales?

5. Si usted pasara de la culpa al asombro, ¿a qué antepasado buscaría para decírselo, y por qué?

Querido Señor:

Tú me creaste de una multitud de posibles hebras de DNA. Te lo agradezco. Y gracias por escogerme antepasados perfectos, que me mostraron lo que tenía que aprender en esta vida para que te pudiera servir mejor. Amén.

NO BUSCARÁ DOMINAR A LOS DEMÁS

LUEGO PUSO AGUA EN UN LEBRILLO, Y COMENZÓ
A LAVAR LOS PIES DE LOS DISCÍPULOS.
—JUAN 13.5

Como consultora de corporaciones y organizaciones de varios tamaños y estratos de la sociedad, leo a diario los titulares de la prensa para mantenerme al día con lo que está ocurriendo en el mundo de los negocios. Quizás, como usted, me he sentido abrumada por la arrogancia e ignorancia reflejadas en algunas de las acciones realizadas por ejecutivos poderosos y bien pagados.

Un ejemplo reciente, sin duda, podría tener su lugar en un libro de récords como un disparate mayúsculo en relaciones públicas. Con fines educativos, no de enjuiciamiento, veamos lo que ocurrió con *American Airlines*.

Recuerdo haber ido en un vuelo en que las aeromozas, agrupadas en el sector de la cocina, discutían lo que iban a hacer. Los titulares de la prensa del día siguiente me permitieron entender mejor lo sucedido en el avión. «Futuro de American depende de asistentes de vuelo», se leía en grandes letras. Y en tipografía menor se decía que el sindicato de pilotos y el de mecánicos habían aceptado recortes en sus salarios. El único grupo que seguía indeciso era el sindicato de asistentes de vuelo.

El destino de toda la línea aérea estaba en sus manos. La gerencia contenía el aliento.

Pensé que era tanto irónico como procedente que el destino de esta empresa multibillonaria estuviera en las manos de mayormente mujeres que en el pasado se las consideraba como servidoras de los pasajeros. Cuán lejos quedaron aquellos días cuando un lema no oficial de la línea aérea decía: «¿Prefiere café, té o a mí?»

Hoy, el eslogan parecía ser: «Café, té o la bancarrota». De modo que esperé, como otros, para ver qué harían las asistentes de vuelo.

Su decisión fue unirse a los demás sindicatos haciendo importantes concesiones en sus salarios, sus horas y sus beneficios con tal de evitar que la línea aérea fuera a la bancarrota.

Todo anduvo bien hasta que se supo que los ejecutivos no habían mencionado un pequeño detalle del plan de concesiones. Este pequeño detalle era que mientras todos los demás en la línea aérea aceptaban recortes importantes en sus salarios, los ejecutivos obtendrían jugosos bonos —iguales al doble de sus salarios— como un «agradecimiento» por mantenerse en sus trabajos. Además, obtendrían grandes sumas de dinero para garantizarles un nuevo fondo de pensiones creado especialmente para ellos... no el mismo fondo que había sido recortado para todos los otros trabajadores.

Los sindicatos pusieron el grito en el cielo. Con toda razón se sintieron traicionados y engañados. Cuando el jefe ejecutivo fue entrevistado, dijo con un tono de aparente ingenuidad: «Yo pensé que todos estarían contentos de que fuéramos tan agresivos en mantener los buenos talentos en la cima de la compañía». Ni tanto.

Aquello tiró por el suelo el castillo de naipes, y ese alto ejecutivo que un día estuvo tan encumbrado, al siguiente estaba sin trabajo. El filo caprichoso de la guillotina no cortó el cuello de los corderos que estaban listos para el sacrificio, sino el del propio jefe ejecutivo. Los fogonazos no cesaban mientras abandonaba el escenario, aturdido por lo que le había sobrevenido en apenas veinticuatro horas. ¡Lo que puede ocurrir en un día!

Este hombre no entendió que era peligroso enseñorearse de los demás, como si él y sus socios fueran reyes y duques inmunes al hambre mientras los aldeanos se conformaban con comer patatas. Ni todos los caballos del rey ni todos sus hombres pudieron hacer nada. La ignorancia y el orgullo pasaron la factura.

La parte triste de la historia es que este alto ejecutivo parece haber sido un hombre bueno y justo, que había dirigido la aerolínea durante sus mejores tiempos. Desafortunadamente, pareció haber cambiado el significado de su cargo de «Guardián de la excelencia» en «Conquistador de los demás».

Cuando a Juana de Arco le concedieron el derecho de pedir lo que quisiera por ayudar al Delfín a ascender al trono, ella pidió solo dos cosas. Una fue: «Por favor, paguen la deuda de mi tío y amigo que pidió prestado dinero para comprarme un caballo».

«¡Hecho!», dijo el rey, emocionado. ¿Qué más?»

«No cobren impuestos a la gente de mi aldea por los siguientes cuatrocientos años».

«Muy bien», dijo el rey, tragando saliva esta vez.

Y sus pedidos se respetaron. Esta líder no pensó en ella misma sino en su gente. Ella no se enseñoreó de los demás.

Jesús, sabiendo que era Dios y que estaba pronto a ir a Dios, se arrodilló y lavó los pies a sus discípulos. A diferencia de muchos altos ejecutivos que mandan antes a su gente al sacrificio, Jesús fue el primero en salir al encuentro de sus verdugos, diciéndoles que dejaran ir a los demás y que lo aprehendieran solo a Él.

Jesús, el Señor de señores, se vio a sí mismo antes que nada y sobre todo, como un servidor.

Los grandes líderes hacen lo mismo.

PREGUNTAS

1. ¿Cómo usa usted su poder para asegurarse de no sufrir, se interesa por lo que otros están pasando?

2. ¿Qué pasos debió dar el jefe ejecutivo para hacer de la línea aérea y sus relaciones con los sindicatos algo más exitoso.
3. ¿Cuándo le ha hecho caer el orgullo?
4. ¿En qué parte de su vida está actualmente el orgullo metiendo su pie para hacerle caer?

Querido Señor:
¡Qué dura lección! Para mí. Para todos nosotros. La cima de la montaña es un lugar muy resbaladizo. Ayúdame a saber ubicarme en los lugares bajos y así honrar tu nombre. Amén.

Conocerá la diferencia entre arquetipo y estereotipo

No juzguéis según las apariencias,
sino juzgad con justo juicio.
–Juan 7.24

Cerca de ochenta por ciento de los nuevos productos que salen al mercado fracasan, no obstante que investigaciones han mostrado que los consumidores los querían, los necesitaban y los comprarían. En el libro *How Customers Think* [Cómo piensan los consumidores], Gerald Zaltman, investigador de Harvard, afirma que noventa y cinco por ciento de los pensamientos ocurren en el inconsciente. «Por lo tanto, descubrir los deseos del consumidor requiere entender la mente escondida del consumidor». Para probar que hay que buscar en el inconsciente para determinar lo que realmente creemos, Zaltman incluye estudios en diversas disciplinas que van desde la neurología, la sociología, el análisis literario y la ciencia cognitiva.

Él establece la diferencia entre *arquetipo* y *estereotipo*. Un arquetipo, por ejemplo, es algo que gira alrededor de un tema universal, como un viaje o un desafío —quizás de un héroe tratando de volver al hogar— mientras que un estereotipo ofrece una visión unidimensional de un personaje en un escenario, como una ama de casa lavando la loza.

Zaltman sostiene que para que la industria tenga éxito en los productos que elabora debe investigar en el entendimiento universal de los viajeros arquetípicos y no establecer estereotipos.

Jesús fue un maestro en explorar el «viaje» inconsciente en el que se encontraban sus seguidores. Cuando ofreció a los pescadores la oportunidad de llegar a ser «pescadores de hombres» estaba cambiando el estereotipo de simples trabajadores a arquetipos, lanzándolos a una vida diferente y, a veces, llena de amenazas.

Estoy convencida de que uno de los grandes desafíos que enfrenta la sociedad de hoy es la tendencia a estereotipar a otros, lo que les impide ver la profundidad del peregrinaje en el que se encuentran.

La mente trabaja con estereotipos. El corazón con arquetipos. Y aquí es donde radica la sabiduría.

Me encontraba con una amiga en Washington, D.C. observando a la gente pasar. Me indicó a un hombre que parecía un poco descuidado en su apariencia. Me dijo:

—Ese hombre me hace pensar en alguien que puede transformarse en un asesino en serie.

—¿Por qué? —le pregunté—. ¿Porque su ropa no luce de lo mejor?

—No —me dijo—. Simplemente por la forma tan gentil en que ayudó a aquella señora a subir al bus.

Cuando le pregunté qué quería decir con esas palabras aparentemente contradictorias, me respondió:

—A menudo, los asesinos en serie no son diferentes de ti o de mí. Solo tienen debilidades mayores.

Jesús miró a la prostituta y la vio no como el estereotipo que parecía. La vio como a una mujer que estaba a punto de embarcarse en un viaje épico por las profundidades de su alma a través del perdón, la identificación y el arrepentimiento.

De alguna manera, me siento culpable de juzgar según los estereotipos y por eso no apreciar el cuadro global. Parte de mi trabajo en el centro de recursos para mujeres, tenía que ver con aconsejar a mujeres golpeadas y conectarlas con algún recurso disponible en la comunidad. Muchas veces experimenté el horror de ver a mujeres llegar en su primera visita con contusiones en sus piernas solo para volver a casa y regresar al centro en peores condiciones.

Una mujer en particular a la que aconsejé insistió en que su esposo se había arrepentido y llorado lágrimas de cocodrilo después de haber visto la magnitud de los moretones que sus puños habían dejado en ella. Una colega y yo tratamos de convencerla de que buscara protección porque las estadísticas señalan que sin una intervención mayor, el maltrato físico no solo va en aumento sino que a veces termina con la muerte de la víctima. Ella, sin embargo, no nos escuchó. Dos meses después, regresó al centro en peores condiciones. En un arranque de ira, su marido la golpeó, despedazándole la mandíbula. Lloramos con ella al tiempo que hacíamos arreglos para llevarla a un lugar seguro.

Después de tres años de estar viendo aquellas cosas, un día dije resueltamente que no tendría contemplaciones con un hombre que golpeara a una mujer. Imagínese mi sorpresa cuando al siguiente feriado me encontré exactamente con esa situación. Un colega con el que habíamos venido trabajando muy bien me dijo que era un ex abusador de su esposa. Y que había sido arrestado seis veces.

Estereotipo: Despreciable abusador de su esposa. Solución automática: Rechazarlo. Para lo cual yo estaba muy bien preparada.

Pero esta frase me siguió obsesionando, más que mi propia afirmación. ¿Qué haría Jesús? ¿Cómo habría mirado Jesús a mi colega cuando salió de la cárcel? Había estado preso, manifestado su profundo remordimiento y ahora estaba asistiendo a unas clases sobre cómo controlar la rabia. Y en lo único que yo podía pensar era en *respeto positivo incondicional*. De modo que decidí verlo con un respeto positivo incondicional y rechazar mi inclinación natural (la cual tenía mucho parecido con lograr que alguien contratara a un matón callejero para que le diera una paliza y así supiera lo que se siente cuando lo golpean a uno).

Algunas semanas después me contó su pasado, ambos sentados a una mesa en un Burger King. Mientras comíamos y bebíamos nuestras sodas, no era mucho lo que teníamos que decirnos. Realmente, yo no estaba en posición de juzgarlo ni de influenciarlo. No trabajaba para mí, no estaba relacionado conmigo y nuestros mundos eran muy diferentes. Había logrado un ascenso, de modo que le pregunté cómo le estaba yendo. Empezó a contarme y así, una cosa llevó a la otra y de pronto me encontré oyendo cómo su madre lo maltrató tanto física como verbalmente, lo mismo que su padre. Lo que me contó fue la historia de una infancia más que dura, trágica.

Algo que hablaba a su favor era que este hombre estaba decidido a ver que su joven hija conociera a su padre, y que su padre estaba presente en su vida, a pesar de las tentaciones de volver a sus viejos hábitos.

Así, me di cuenta que él se encontraba en su propio viaje épico.

Miró a su pequeña hijita que reía en el lugar de juego para niños, y me dijo: «Este ha sido el año más difícil en mi vida. Pero no me dejaré vencer». Suspiró e indicando hacia su hija, agregó: «Solo tengo quince años más antes que se vaya de casa». Me pareció que este hombre era más que el estereotipo que parecía ser. Estaba embarcado en el viaje arquetípico de llegar a ser un buen padre pese a no haber tenido los ejemplos adecuados.

Terminé preguntándole cómo podría ayudarlo y lo animé a que siguiera asistiendo a las clases sobre cómo controlar la ira que le había impuesto la corte. Yo sabía que aquello era el principio de una terapia profunda que él necesitaba. Me agradeció por escucharlo y luego llamó a su hijita para irse a casa.

¿Se consiguió algo aquel día? Solo mi propio entendimiento de su situación. Pensé en el ciego que recibió su primer toque de parte de Jesús. Puesto que antes no podía ver, ahora dijo: «Veo los hombres como árboles, pero los veo que andan». Necesitó un segundo toque de Jesús antes que pudiera ver a las personas claramente. Quizás usted y yo estemos en la misma situación de aquel ciego; necesitamos un segundo toque de la mano de Dios antes que podamos ver a las personas no como un estereotipo frío al cual juzgar, sino como un arquetipo emergente, héroes potenciales que buscan su camino de regreso a casa.

¿Estereotipo o arquetipo? Jesús conocía la diferencia. Él quiere que nosotros también la conozcamos.

PREGUNTAS

1. ¿Qué tipo de personas lo irritan más? Enumérelos.
2. ¿Por qué lo ponen de mal humor?
3. ¿Puede ver a cada uno de ellos como un héroe anónimo en un viaje secreto hacia su propia redención, salvado por la gracia de Dios?
4. ¿Quién podría verlo a usted como un estereotipo?
5. ¿Estaría equivocado quien lo viera así?
6. Defina su propio viaje épico, reconociendo el hecho de que no está solo.

Querido Señor:
Ayúdame a no ver a los demás como estereotipos unidimensionales y fácilmente etiquetados, sino como los héroes potenciales que son. Ayúdame a verlos con interés positivo e incondicional, como tú me ves a mí. Te agradezco tu gracia maravillosa. Amén y amén.

APRENDERÁ UNA NUEVA MANERA DE SACUDIR EL POLVO DE SUS ZAPATOS

MAS EN CUALQUIER CIUDAD DONDE ENTRÉIS,
Y NO OS RECIBAN, SALIENDO POR SUS CALLES,
DECID: AUN EL POLVO DE VUESTRA CIUDAD,
QUE SE HA PEGADO A NUESTROS PIES,
LO SACUDIMOS CONTRA VOSOTROS.
—LUCAS 10.10-11

Complete la siguiente frase (tomada de la Biblia):

«Y toda la ciudad salió al encuentro de Jesús; y cuando le vieron, le pidieron _____».

Estas son las alternativas:

(*a*)   que sanara a los enfermos que había entre ellos
(*b*)   que alimentara a sus hambrientos
(*c*)   que les enseñara sobre Dios
(*d*)   que se fuera de sus contornos

La respuesta es d. En realidad, le «rogaron» que se fuera de sus contornos (Mateo 8.34). Jesús, entrenador, incomodaba a tanta gente en el pueblo que le pidieron que se fuera.

No piense ni por un momento que cuando usted repentinamente tenga clara la visión de su misión y salga a hacer milagros, siempre va a ser bienvenido. Es más, Jesús hizo perfectamente claro que las personas que estuvieran llenas de su Espíritu serían rechazadas y, como Él, se les pediría que se fueran.

Volviendo al ejemplo, ¿qué hizo Jesús ante tal petición? ¿Se puso a trabajar duro para tratar de ganar la aprobación de la gente? ¿Pidió que descendiera fuego del cielo, convirtiéndolos en ceniza? ¿O simplemente se retiró en silencio? Sencillamente se fue.

Jesús nunca se quedó en un lugar donde no era bienvenido. Ni dio sus dones a nadie que no los quisiera. Mostró el más alto respeto por el libre albedrío de las personas, aun cuando estas estuvieran desinformadas. Dejar a la gente sola en esta miseria fue quizás lo más duro que haya tenido que hacer. Pero lo hizo. Y lo mismo debería hacer usted.

Hay algo estremecedoramente puro sobre Jesús, y es esto: Él nunca ofreció partes de sí mismo al mejor postor. Dijo: Tómenme o déjenme, pero confróntenme.

Es cuestión de oír la radio para enterarse de una pequeña porción de relaciones enfermizas, desdichadas y mal avenidas en este mundo. Yo no sé hasta donde estamos dispuestos a sacrificarnos para tratar de obtener la aprobación de los demás, pero lo hacemos. Demasiados de nosotros no somos personas, sino bizcochos que tratamos de complacer a todos los que suelen poner sus ojos en nosotros.

Jesús dijo esto a sus discípulos: «Vayan y cuéntele a la gente lo que han visto y oído: cómo el cojo puede andar y cómo ahora el ciego puede ver. Y si no les reciben, hagan esto, sacúdanse el polvo de sus zapatos y váyanse a otra aldea».

Él no les dijo: «Instálense ante sus puertas y griten. Giman debajo de sus ventanas en la esperanza que los vean y los oigan». Les dijo: «Sencillamente demuestren que se respetan a ustedes mismos y váyanse».

¿Por qué no salimos de situaciones en que es claro que nuestros espíritus no son bien recibidos? Creo que la razón principal por la que nos quedamos es que tenemos miedo. Pero si Jesús es nuestro entrenador, no debemos permitir que el polvo del temor y la falta de atención permanezcan alrededor de nosotros. Él quiere que estemos en una atmósfera de oidores receptivos, ansiosos y dispuestos, personas que crean en usted, así como sus amigos creían en Él.

Es probable que teniendo a Jesús como su entrenador haya algunas puertas que se cierren en sus narices, pero si está dispuesto a sacudir el polvo de sus zapatos y mantenerse activo, pronto sus pies estarán tan ágiles como los de una gacela.

PREGUNTAS

1. ¿Dónde, por lo general, no es bien recibido?
2. ¿Es en el trabajo? ¿En casa? ¿En el seno de su familia?
3. ¿Cuánto polvo hay en su casa, la casa de su vida interior?

Querido Señor:
Vamos a sacudirnos el polvo hoy. Ayúdame a ver mi camino claramente para llevar una existencia libre de polvo, rodeado por gente que me recibe fresco cada mañana, como lo haces tú. Amén.

SABRÁ QUE ÉL QUIERE VERLO TRIUNFAR

[EL AMOR] TODO LO SUFRE, TODO LO CREE,
TODO LO ESPERA, TODO LO SOPORTA.
—1 CORINTIOS 13.7

Muchas de las mujeres financieramente exitosas que he conocido tuvieron padres que dudaron que sus hijas podían triunfar.

Mi papá quería que yo fuera una tenista profesional. Estaba convencido de que triunfaría en ese deporte, por lo que invirtió mucho tiempo y energía para que lo lograra. Sin embargo, elegí otra cosa.

Nunca voy a olvidar cuánto quiso que yo ganara. Que fuera la mejor en algo. Justo antes de una de mis más importantes competencias, pregunté a mamá dónde estaba papá. Ella me respondió: «Él no quiere que te lo diga, pero está en el baño vomitando. Creo que está más nervioso que tú».

Dos aspectos del entrenador de éxito son fijar normas altas y estar apasionadamente interesado en ver a su cliente triunfar. Jesús demostró ambas cualidades.

Él tenía un deseo tan apasionado por ver a todas las criaturas remontar el vuelo que sufría incluso cuando veía a una avecilla caer del nido y quedar incapacitada para volar. Siempre estuvo preocupado por aquellos que podían ser mejores, hacer mejor y vivir más plenamente. Encontró a un hombre con una mano seca y unió su fe a la del hombre que creyó que Jesús podría sanarlo. Vio al inválido junto al estanque de Betesda, que había pasado allí treinta y ocho años. Y bastaron unas cuantas palabras para que el hombre saltara de su estera y saliera caminando (Juan 5.5-9).

Cuando dijo: «Yo he venido para que tengan vida, y la tengan en abundancia» (Juan 10.10), estaba hablando de usted y de mí; estaba hablándonos a usted y a mí. Todo su ser, todo su enfoque, toda su vida estaban concentrados en que usted y yo triunfáramos.

Esto me hace recordar a una señora que me dijo que tenía que hacer un gran esfuerzo para controlarse cada vez que su hijo agarraba el balón durante los juegos de fútbol de la secundaria. «Cuando él entraba en acción, yo saltaba de mi asiento y corría con él por la orilla del campo de juego», me dijo. Hay un libro titulado *Are You Running with Me, Jesus?* [¿Estás corriendo conmigo, Jesús?] Y la respuesta es sí, sí y siempre sí. Cualquiera sea el marcador.

Dondequiera que usted esté, cualesquiera sean las circunstancias, debe saber que Jesús quiere desesperadamente ser su entrenador. Lo único que lo motiva es verlo triunfar en el más amplio sentido de la palabra.

PREGUNTAS

1. ¿Ha habido en su vida alguien que se haya apasionado por verlo triunfar? ¿Quién fue esa persona y cómo lo hizo sentirse a usted? Si no tuvo a nadie, ¿cómo le afectó?

2. ¿Cree que esa persona lo vio a usted o trató de vivir en el lugar suyo?

3. ¿Puede visualizar a Jesús como su entrenador que ve en usted posibilidades ilimitadas?

4. ¿Puede verlo ahora mismo junto a usted, preguntándole cómo quiere que su vida sea mejor?

Querido Señor:
Tú viniste a la tierra para que yo y cualquiera que escuche tu voz pudiera responder y triunfar en este juego que se llama vida. Ayúdame a recibir y creer que tu meta y el deseo de tu corazón es solo mi bien, y luego ayúdame a escuchar y responder a tus instrucciones. Amén.

Se sumergirá en palabras de amor

He aquí que tú eres hermosa, amiga mía;
he aquí que tú eres hermosa.
—Cantar de los Cantares 4.1

Cada vez que me encuentro con parejas que se comportan en público como los personajes de la tira cómica «los Bickersons» me sobresalto. Porque si uno de ellos dice algo, lo que sea, el otro siempre lo corrige. Uno empieza a contar un chiste y el otro lo interrumpe para seguir contándolo él. Algunas parejas parecen sentir que donde hay dos o más reunidos, es tiempo de ponerse los guantes de boxeo y ponerse a pelear delante de la audiencia. Insultos y ofensas empiezan de un lado a otro hasta el punto que los que están cerca tienen que agazaparse para no ser alcanzados por el fuego cruzado.

Después de participar en una larga velada de aquellas, analizamos la situación con una amiga que había sido testigo de la «discusión». Le dije: «Todo eso es muy triste». Para mí, el propósito de una relación es exaltarse mutuamente, honrar, valorar y respetar al otro. No mantenerle la cabeza debajo del agua hasta que grite desesperado: «¡Me rindo! ¡Tú ganas!»

Mi amiga movió la cabeza en señal de asentimiento. «En el mundo hay dos tipos de relaciones», me dijo. «Aquellas que buscan amores y las que buscan rehenes. Evidentemente, la pareja con la que estuvimos estaban en una situación de rehenes voluntarios».

No hace mucho tiempo la nación fue sacudida por un vídeo tomado por una cámara de vigilancia que grabó a una madre golpeando a su hijita en un estacionamiento. La cinta mostraba a la madre mirando a su derecha y a su izquierda antes de sentar con violencia a su hijita en el asiento para bebés. Parecía querer asegurarse que nadie viera lo que estaba haciendo. Y luego empezó a golpearla con furia mientras la pequeña estaba atrapada en su asiento.

Las estadísticas muestran que conductas así son incontrolables en nuestra sociedad. Este caso grabado por una cámara de vídeo es uno de muchos. En el último año en mi ciudad de El Paso, Texas, nueve mil niños fueron sacados de sus hogares y llevados a lugares de custodia protectora. No nueve. No noventa ni novecientos. *Nueve mil* niños. Y eso, solo en una ciudad. Y esa cantidad se refiere a casos que fueron suficientemente graves, suficientemente notorios, suficientemente flagrantes para que llegaran a conocimiento de la justicia. Esto es una atrocidad.

¿Debe una madre golpear a su hijo? No.

¿Debe un esposo golpear a su esposa? No.

¿Debe un maestro golpear a su alumno? No.

¿Debe un entrenador golpear a un pupilo? No.

¿Debería Dios golpear a su creación? Oh… si empezó automáticamente a decir no, ¿está bien seguro? ¿O tiene una imagen de un Dios que siempre está enfadado con usted, que siempre lo está evaluando y recriminando, esperando sorprenderlo en algo malo o furioso con usted por cualquier cosa? Desafortunadamente esta es la imagen de Dios que muchas religiones enseñan hoy día.

Cada vez que voy a otras ciudades, me gusta visitar diferentes denominaciones. El domingo que pasó fui a una con un templo muy grande y un inmenso espacio para estacionar. Me senté con gran expectación y finalmente me sentí arrepentida de haber ido a esa iglesia. El predicador se puso a regañarnos —literalmente aullando— mientras nos decía cómo teníamos que hacer las cosas. Me paré para ir al baño y me encontré a un grupo de niños con rostros graves que marchaban en una línea perfecta de un cuarto a otro.

Si Jesús vino a decirnos algo, fue que el nuestro no es un Padre furibundo. Dios no está esperando con un garrote en la mano para castigarnos; Él es el Padre ansioso, que observa y espera cada día que volvamos al hogar. Y cuando lo hacemos, ¿qué hace? Organiza una fiesta para celebrar nuestro retorno... para celebrar su amor por nosotros.

Antes que usted pueda creer que Jesús quiere aprobarlo, necesita aceptar la base fundamental de un Dios que lo ama. No muchos de nosotros podemos hacer eso.

Cuando usted entre en una relación tipo entrenador-pupilo con Jesús, se sorprenderá de cuán positivo es Él. Tiernamente, observará sus puntos fuertes y lo animará a cultivarlos. Lo cubrirá con bendiciones, gozo y celebración, y de esta manera llevará su desempeño a un nivel nuevo de excelencia divina. La naturaleza de su entrenador es fortalecer. Prepárese para aceptarlo.

PREGUNTAS

1. Sus relaciones, ¿lo apoyan o lo desaniman?
2. ¿Teme usted a Dios pensando que va a ser castigado si entra en una relación más estrecha con Él?
3. ¿Cómo se castiga a sí mismo cuando nadie está mirando?

Querido Señor:
Tú me creaste en amor. Ayúdame a creer y a recibir esas amorosas palabras que me has dicho. Ayúdame a ascender contigo hasta donde pueda alcanzar. Ayúdame a verme en tus ojos. Amén y amén.

PRODUCTIVIDAD

La Escritura nos ofrece hermosos pasajes sobre lo importante que son para Dios y los seres humanos la productividad y la fertilidad. El primer mandamiento que se nos da en el libro de Génesis es «Fructificad y multiplicaos». El profeta Ezequiel nos ofrece un hermoso cuadro de un río ancho y profundo: «Y junto al río, en la ribera, a uno y otro lado, crecerá toda clase de árboles frutales; sus hojas nunca caerán, ni faltará su fruto. A su tiempo madurará, porque sus aguas salen del santuario; y su fruto será para comer, y su hoja para medicina» (Ezequiel 47.12). Jesús dijo que aquellos que permanecen en Él y hunden sus raíces profundamente en su amor y en su ser, producirán mucho fruto.

A menudo, toda nuestra actividad no es sino una máscara que oculta nuestro concepto equivocado de lo que significa ser productivo. Productividad no es hacer más y más y ni siquiera es alcanzar logros.

¿Se esfuerza un árbol para dar fruto? ¿O el fruto es nada más que la manifestación de lo que hay dentro del árbol desde el principio? El fruto también llega a su debido tiempo, luce diferente según sean las etapas por las que pasa y es bueno para ver y para comer. ¿Son sus obras —aquellas que produce su actividad— lo mismo?

En esta sección veremos cómo Jesús puede ayudarle a aumentar su productividad, mayormente a través de «ser».

Se reanimará con nuevas posibilidades

PORQUE YO SÉ LOS PENSAMIENTOS
QUE TENGO ACERCA DE VOSOTROS.
—JEREMÍAS 29.11

Mientras viajaba recientemente a Nueva York para asistir a una fiesta privada en mi honor, me maravillé al pensar en el giro que había tomado mi vida. Hace solo unos cuantos años, era una fatigada ejecutiva de una agencia de publicidad, enfrentando problemas de personal y preocupada por los altos costos causados por mis metas de expansión. Recuerdo tan claramente los días cuando me resistía a levantarme. Ahora escasamente puedo recibir lo bueno que fluye a mi derredor. Y puedo atribuir el cambio en mi vida a una palabra de apenas dos letras: «Sí». Cuando pude finalmente enfrentar mi renuente pasión acerca de Jesús como un líder en el negocio, dije «Sí» a una gran incógnita y desde entonces he sido bendecida más allá de todo lo imaginable. «Sí» me abrió las puertas a nuevas posibilidades.

En una breve parada que hicimos en el aeropuerto de Dallas, Fort Worth, me encontré con un ejemplar del periódico *USA Today* en las manos y quedé fascinada por un artículo titulado «Nuevos descubrimientos lanzan a los físicos por una espiral». El artículo decía que mientras los físicos creían que los protones —los elementos con carga positiva dentro de un átomo— tenían forma redonda, se ha establecido que en realidad tienen forma elíptica. Los investigadores en el laboratorio que estaban intrigados por esto pudieron determinar que los protones son elípticos porque las partículas que bullen dentro de ellos consisten realmente de elementos más pequeños que se *mueven a la velocidad de la luz.*

Relacioné esta nueva información con descubrimientos hechos varios años atrás en el sentido de que hay pequeñas partículas que parecen responder a las expectativas de sus observadores, no obstante que su esencia es idéntica. En otras palabras, si los científicos en Inglaterra esperaban que estas partículas se comportaran de cierta manera, así lo hicieron, mientras que los científicos de Australia encontraron comportamientos diferentes para el mismo elemento basado en lo que *ellos* esperaban hallar.

A veces, me imagino a Jesús como un trapecista, suspendido de un objeto movible, llegando a mí ilusionadamente, llamándome para que me arriesgue con Él. Si me decido a dar el salto, Él me agarrará. Si decido quedarme donde estoy, entonces no podría decir con since-ridad: «Dios no contestó mi oración para una vida mejor».

Sin embargo, constantemente estoy oyendo a gente decir eso. Y cuando tal cosa ocurre, me pregunto si Jesús sigue meciéndose con toda paciencia allá arriba, esperando que esas personas *crean* que Él los agarrará cuando se atrevan a lanzarse al encuentro del trapecio.

La vida con Jesús es una danza de posibilidades mucho más que la marcha de aflicciones que hemos llegado a asociar con la religión. Hace algunos años caminé por la Vía Dolorosa, nunca olvidaré esa experiencia. Toqué los muros donde los guardias tomaron a Simón de Cirene para que ayudara a Jesús a llevar la cruz. Observé la tumba donde la leyenda y los expertos en arqueología estiman que fue puesto el cuerpo del Señor y no pude contener las lágrimas.

Pero nunca olvido que nosotros —usted y yo— fuimos quienes lo hicimos morir en una cruz. Su vida era transformar el agua en vino y danzar con aquellos que habían sido cojos y ponerles en sus cabezas una guirnalda hecha de flores tomadas de entre los lirios del campo. Él dijo: «Sacudid el polvo de vuestros pies». Y a usted le dice: «No te rodees de gente negativa. No creas las mentiras que dicen que no vales nada. No te dejes atrapar por la ilusión que el dinero podrá consolarte más que la relación que puedas tener conmigo. Cambia tu orientación de la tristeza y el dolor y dirígela hacia la luz de la risa y la danza y el gozo. Sígueme y te llevaré a lugares que nunca te imaginaste que existieran. Sígueme y haré que brinques como ciervo en la alborada. Sígueme y subiremos montañas y cruzaremos valles y alcanzaremos la cumbre riendo, viviendo y sosteniéndonos mutuamente, y así entraremos en la eternidad».

Este es Jesús, el entrenador, que yo conozco. ¿Qué le vas a decir: sí o no?

PREGUNTAS

1. ¿Es actualmente su vida más un canto fúnebre que una danza? ¿Por qué será?

2. ¿Está dispuesto a alzar sus ojos a los montes o prefiere fijarlos abajo, en el valle?

3. ¿Cuándo fue la última vez que se arriesgó en la dirección de su danza?

4. ¿Cuán confortable puede sentirse y por cuánto tiempo, colgando cabeza abajo de su trapecio?

Querido Señor:
Tú eres el Señor de la danza, de la vida, de todas las posibilidades. Ayúdame a volver mis ojos hacia ti y ver en ellos todo lo que pueda ver, pueda hacer, pueda aprender, pueda vivir en esta relación contigo. Amén.

ENTENDERÁ LA ECONOMÍA DE LAS RELACIONES

AMARÁS AL SEÑOR... [Y] A TU PRÓJIMO COMO
A TI MISMO. DE ESTOS DOS MANDAMIENTOS
DEPENDE TODA LA LEY Y LOS PROFETAS.
—MATEO 22.37-40

Mi amiga Bonnie es una chica sureña que debido a su preparación como terapeuta familiar puede descargar un golpe de verdad al estómago y sonreír a la vez. Su especialidad es llegar rápidamente al corazón de las cosas sin apología y casi sin darle tiempo a una a decir gracias después de la operación. Un día en que nos reunimos un grupo de mujeres después de la cena, ella afirmó: «Dije a los adolescentes y a sus padres que los pobres y los billonarios son la misma cosa. Cuando uno de ellos muere, llevará con él solo dos cosas: recuerdos y relaciones; así es que es mejor empezar a desarrollarlas ahora mismo».

Imagínese cuánta riqueza tendría si el enfoque de su vida fuera ese: desarrollar y atesorar recuerdos felices y relaciones realizadas.

Los estudios han demostrado que seríamos más saludables, por un lado. Esta mañana no más estaba leyendo un artículo en el *Arizona Republic* en que se decía que un estudio ha revelado que personas de la tercera edad que ayudaron a otros vivieron vidas más prolongadas y saludables que los que solo pensaron en ellos. De alguna manera, la endorfina se libera cuando la gente da. Los psicólogos que llevaron a cabo el estudio lo llamaron «El punto alto del que ayuda».

Recuerdo haber sentido una oleada de buena voluntad que me inundó un día que participé en una reunión de adultos que vinieron de distintos lugares con un solo propósito: decidir qué tipo de ayuda necesitaba una pequeña de cuatro años que no podía formar palabras correctamente para que llegara a hablar con claridad. En todas las reuniones en que he participado, la mayoría de las cuales tiene que ver con estrategias para el desarrollo de negocios o el crecimiento de compañías, nunca sentí esta clase de «oleada de buena voluntad» sobre mí. Todo el talento y la tecnología expresados en esa reunión estuvieron enfocados en hacer florecer a un ser humano; es decir, cómo ayudar a aquella niña a hablar, caminar y sonreír.

Se entrevistó a la madre, se generaron informes, se trazaron planes de acción mientras la pequeña descansaba su cabeza en el hombro de su madre, ajena a toda esa actividad dedicada a ayudarle a tener una vida normal.

Un amigo mío que vendió su compañía por varios millones de dólares se dio cuenta que su vida estaba pasando repentinamente de «ganar dinero» a «tener dinero». Al llevar a cabo un estudio improvisado de otros multimillonarios que habían vendido sus compañías recientemente, descubrió que cerca de setenta y cinco por ciento de ellos se divorciaron antes del año. Esta revelación dio lugar a una serie de opiniones sobre la causa. Alguien preguntó: »¿Estaban las esposas aguantando hasta que llegara el dinero? ¿Estaban los maridos tan faltos de recursos para relacionarse que cuando finalmente dispusieron de tiempo para darle a la familia, ya no la tenían?»

Hace poco me comentaron de un caso clásico de alguien concentrado más en el dinero que en las relaciones. Otro querido amigo, a quien llamaré Bill, había usado un estilo único de cordialidad para ayudar a acumular diez millones de dólares a una compañía iniciada hacía poco en el negocio. El nuevo jefe ejecutivo, «Jim», que era contador de profesión, empezó a recriminar a Bill por su cuenta de gastos, las facturas por flores para las secretarias y otros proveedores, su hábito de visitar inesperadamente a algunas personas sin una «razón de negocios». Bill se sintió tan cansado por ese tipo de control de Jim —que gastaba más tiempo en su informe de gastos que en el de ventas—, que decidió renunciar. Cuando llamó al presidente de la compañía —que era su amigo de muchos años— para informarle de la razón por la que se iba, le dijo: «No puedo trabajar en un clima así. O es Jim o soy yo». El presidente, «Lou», no pudo comprometerse ante Bill para despedir a Jim, así que Bill se fue.

Antes de irse, sin embargo, Bill le dijo a Jim: «Lo que usted no entiende, Jim, es que en tiempos como estos, tenemos lo que se ha dado en llamar una economía de relación. Yo no tengo una cláusula en mi contrato ni con usted ni con la compañía que me prohíba hacer lo que he venido haciendo, por eso le garantizo que el noventa por ciento de estos clientes se van a ir cuando yo me vaya». Y así ocurrió.

Dándose cuenta de la avalancha que se les venía encima, Lou fue al presidente de la junta de directores y le presentó el caso. Diez días después le ofrecieron a Bill reinstalarlo en su trabajo con un mejor salario y Jim, el que contaba los centavos, fue escoltado fuera del edificio. Había venido colando los mosquitos y tragándose los camellos. Y Bill lo sabía.

Me agradó cuando Bill usó la expresión *economía de relación* porque esa es la realidad en la que vivimos ahora. Cuando los tiempos se ponen económicamente difíciles es solo la red y la riqueza de nuestras relaciones que nos pueden sacar adelante.

Hace algunos años vimos a altos ejecutivos de algunas de las corporaciones más grandes del mundo abandonar sus cargos esposados por haber engañado sobre el estado financiero de sus compañías. Su caída causó la pérdida de más de tres trillones de dólares, haciendo que mucha gente bien intencionada perdiera sus fondos de retiro. ¿A dónde fue a parar todo ese dinero? Gran parte fue a los bolsillos de personas que no tenían una verdadera responsabilidad en sus relaciones con otros.

En su libro *Sins of the Spirit*, el autor Matthew Fox ofrece su «tesis orweliana». Él dice que ya que las corporaciones son entidades legales que pueden vivir perpetuamente, es concebible que estas entidades inexplicables, sin nombre ni rostro puedan usar tecnologías sin nombre ni rostro para hacernos a los humanos y al planeta, arrodillarnos ante ellos. Cuando no hay un rostro real tras una decisión, ¿a quién se puede responsabilizar?

Cuando Hitler empezó a enseñar que los judíos no eran realmente un pueblo sino una especie inferior, logró vender la idea a una generación paranoica que creyó en un desastre económico, ecológico y espiritual. Al transformarlos en eso, le fue más fácil exterminarlos.

Cuando Jesús dijo: «En cuanto lo hicisteis a uno de estos mis hermanos más pequeños, a mí lo hicisteis» (Mateo 24.40), estaba diciendo que todas las personas son dignas del mismo respeto *que se le debe dar a Dios*. ¿Practicamos esto diariamente? ¿Usted? ¿Yo?

Reforzar cada principio que Jesús enseñó es de importancia para su relación con Dios, con los demás, con usted mismo. Él dijo que eso era la suma de toda sabiduría, de toda la ley y de los profetas. Pero cada día estamos dispuestos a pisotear a los demás con tal de conseguir dinero, poder, fama o gloria. Jesús dijo: «¿Cuál será su beneficio si gana todo el mundo, y pierde su alma?» (paráfrasis de la autora de Marcos 8.36). Si hubiere una forma de definir el alma, esta sería en términos de relación.

¿Cómo anda su alma por estos días?

Jesús lo quiere saber.

PREGUNTAS

1. ¿Qué es lo que se quiere decir con la expresión economía de relación?

2. Si sus recursos económicos caen a cero, ¿quién o qué determinaría su solvencia económica?

3. ¿Con qué grupo de personas ha decidido usted, consciente o inconscientemente, que no vale la pena relacionarse?

4. ¿Qué grupos dijo Jesús que eran así?

Querido Señor:

Ayúdame a recordar que en tu palabra, relación no es todo; es algo único. Ayúdame a recordar que mi valor como persona esta determinado por la acción de mi corazón, especialmente con otros, en tu nombre. Amén.

NO RECIBIRÁ UNA ARMADURA PRESTADA

Y SAÚL VISTIÓ A DAVID CON SUS ROPAS, Y PUSO
SOBRE SU CABEZA UN CASCO DE BRONCE, Y LE
ARMÓ DE CORAZA. Y CIÑÓ DAVID SU ESPADA
SOBRE SUS VESTIDOS, Y PROBÓ A ANDAR,
PORQUE NUNCA HABÍA HECHO LA PRUEBA. Y DIJO
DAVID A SAÚL: YO NO PUEDO ANDAR CON ESTO,
PORQUE NUNCA LO PRACTIQUÉ. Y DAVID ECHÓ
DE SÍ AQUELLAS COSAS.
—1 SAMUEL 17.38-39

Con una multitud que llenaba completamente el salón, el joven llamado Miko empezó ansioso a contar las historias de Homero, *La Ilíada y La Odisea*, diciendo cómo los viajes míticos en estas obras épicas le habían ayudado a encontrar su propio lugar y punto de poder en medio de las grandes corporaciones de los Estados Unidos. Dijo que en una escena había dos hombres reunidos: uno, un gran guerrero, estaba exhausto y disgustado por la paga tan baja y la falta de estímulo que había recibido de sus jefes (¿le suena familiar?); el otro, un principiante, estaba desesperado por probar su valor en el campo de batalla. El joven le dijo al veterano: «¡Tengo una idea! Préstame tu armadura. Entonces cuando el enemigo me vea, va a creer que soy tú y va a huir de pavor». El desalentado guerrero se quitó su armadura y se la dio al joven quien, después de ponérsela, entró completamente confiado a la batalla. Para hacer el cuento corto, el joven con la armadura prestada fue vapuleado y humillado y literalmente echado del campo de batalla. Parece que al único que engañó la armadura prestada fue a él mismo.

Este concepto de la armadura prestada no se origina con los griegos. De hecho, Adán lo usó cuando trató de convencer a Dios que había sido su esposa, Eva, la que lo hizo comer la manzana. Eva dijo que ella no era la responsable sino la serpiente, que la había inducido. En la historia del Génesis a Dios no se le pudo engañar. Él sabía exactamente lo que cada uno decía y hacía, a pesar que intentaron esconderse.

El rey Saúl trató de ponerle su armadura al joven David, convencido que el pastorcito, con sus propios medios, no tendría ninguna posibilidad con el gigante Goliat. David hizo el intento de ponerse la armadura de otro, nada menos que la del rey. Pero bastaron unos cuantos minutos para que se diera cuenta que aquella cosa no le cuadraba, que con esa armadura puesta no era él, de modo que se libró de ella para ser él mismo, dependiendo únicamente de su relación con Dios.

En mi libro *Teach Your Team to Fish: Using Ancient Wisdom for Visionary Teamwork* [Enseñe a su equipo a pescar, usando la sabiduría antigua para un trabajo de equipo visionario] tengo un capítulo titulado «Él enseñó que no hubo un ellos». En él, señalo que Jesús hizo que la responsabilidad por los éxitos o los fracasos recayera con justicia sobre el individuo, no permitiendo que la excusa de un «ellos» se usara cuando había fracaso. Mientras viajaba por el país promoviendo el libro, compartí el contenido de este capítulo con bastante frecuencia y cada vez que lo hice, la gente asentía y hacía gestos como culpando al otro. Es evidente que el concepto de «ellos» está vivo tanto en organizaciones como en equipos. «No podemos hacer tal cosa por ellos... Si ellos no hubieran hecho esto, nosotros habríamos podido hacer aquello». Tales excusas no convencen a nadie.

Otro aspecto de la excusa de «ellos» es tratar de esconderse dentro de la armadura de alguien, tratando de usar la reputación o el poder o el dinero de otro para comprar prestigio y honor. Cuando alguien le roba una idea a otra persona y afirma que es suya, lo que está haciendo es que está usando una armadura que no es suya. Cuando un esposo piensa que las virtudes de su esposa le van a abrir las puertas del cielo, está usando una armadura prestada. Cuando una esposa espera que su esposo maneje todos los asuntos financieros de la casa, está usando una armadura ajena. Cuando dejamos que otros hablen o actúen por nosotros, eso es usar una armadura prestada.

Un amigo mío tiene la capacidad política y la popularidad necesarias para ganar fácilmente una elección en su ciudad. Como viejo agricultor, tiene toda la experiencia que se requiere para manejar los asuntos del estado. Cuando en una ocasión le pregunté por qué no aspiraba a un cargo público, sonrió y me dijo: «Mi papá me enseñó que es mejor tener un político, que ser uno de ellos». Ambos nos reímos de su comentario.

Se me ocurrió el otro día que cuando elegimos a otros para que nos representen, en realidad lo que estamos haciendo es dejar que usen *nuestra* armadura. Se supone que tienen que hablar por nosotros y actuar como nosotros y usar nuestro dinero para nuestro beneficio. ¿Hasta dónde se logra esto?

Un tema recurrente en mis conferencias es la trampa y la falacia de las carreras paralelas, cómo la gente se las arregla para casi hacer lo que le gusta en vez de hacerlo. Una persona que trabaja en una tienda relacionada con artistas plásticos pero que no le gusta pintar, vive en una armadura prestada. Un ejecutivo de publicidad que anhela escribir novelas pero se gana la vida escribiendo para otros, vive en una armadura prestada.

Ese nunca fue el deseo de Jesús para nosotros. En realidad, Él mirará a través de la vestimenta que sea que usemos hasta llegar a la verdad de las cosas.

Un ejemplo lo constituye la mujer en el pozo. Aunque trató de desarrollar un diálogo de distracción sobre filosofías en lugar de dejar que Él llegara hasta su alma, Jesús miró a través de su pretendido juego y le habló para que se diera cuenta de que Él sabía lo que ella era y que era tiempo de obtener el agua de vida de Él.

Cuando dejamos que otros se entretengan y ocupen y vivan por nosotros, estamos viviendo en una armadura prestada.

Un amigo me mandó una tira cómica que mostraba a un entrenador de ligas menores hablándole a un grupo de niños. Les decía: «Bien, niños, ahora vayan y diviértanse, pero recuerden que sus padres están viviendo a través de ustedes». Los padres que viven a través de sus hijos viven en armaduras prestadas.

Jesús dijo que el yugo que labró para usted sería fácil y la carga sería liviana. Por eso es que Él es un sastre a la medida, si se quiere, y no desea ni acepta que usted use la vestimenta de otros.

Usted no necesita otra armadura que la que Él le ha preparado. No le va a dar una armadura prestada. La suya será hecha a la medida.

PREGUNTAS

1. ¿En qué punto de su vida está usted viviendo a través de alguien más, sea en culpabilidad o en anhelo?
2. ¿Cómo se sentiría usando su propia armadura?
3. Si examina los fracasos del pasado, ¿cuántos de ellos podrían atribuirse a que estuvo usando una armadura prestada?

Querido Señor:
Ayúdame a ser consciente de que tú eres mi Capa y mi Escudo. Y que no necesito otra armadura que la verdad de tu amor. Amén.

No actuará como un «chiquillo»

CUANDO YO ERA NIÑO...
ACTUABA COMO NIÑO; MAS CUANDO YA FUI
HOMBRE, DEJÉ LO QUE ERA DE NIÑO.
—1 CORINTIOS 13.11

Uno de los privilegios que he tenido en la vida ha sido conocer a muchos trabajadores y terapeutas. (Sin duda esto me ha ahorrado también mucho dinero porque me ha permitido obtener los beneficios de sus conocimientos en un almuerzo en lugar de una sesión de ciento veinticinco dólares la hora.) Uno de estos amigos es un consejero que fue abandonado cuando era niño y que él mismo, ya joven, se sometió a terapia tratando de superar su triste pasado. Después de varios años de tratamiento desarrolló un apoyo increíble y una estrecha amistad con su terapeuta, solo para encontrarse con un tropiezo que le impidió continuar con las sesiones. Cuando le planteó la posibilidad de continuar la terapia como amigos más que como clientes, lo que le podría hacer ahorrar una buena cantidad de dinero, su terapeuta le respondió con la siguiente frase: «Rehuso tratarte como a un chiquillo; por lo tanto, te seguiré viendo como un adulto que debe pagar por sus servicios profesionales según las tarifas establecidas».

Cuando mi amigo el consejero me contó esto, le pedí que me repitiera la palabra chiquillo porque nunca la había oído antes usada en ese contexto. Cuando le pedí que me la explicara me dijo que quería decir que una persona ve a otra ya no como un adulto sino como un niño, y empieza a tratarla como tal. Obviamente, su terapeuta no quería hacer eso, pero esas palabras le causaron a él tanto enojo y daño cuando las escuchó, que ahora aquella situación la ve como un «punto de cambio» en su vida. «Me hizo darme cuenta que yo realmente era un adulto y debería saber comportarme como tal en todo momento. Descubrí que hasta entonces seguía considerándome en muchos aspectos un niño abandonado, y el área de las finanzas era una de ellas. Cuando me faltó el dinero, esperé que esta persona se hiciera cargo de mí. Ella no lo hizo, y desde ese punto en adelante, dejé de verme como un pobrecito sin amparo de nadie».

Dietrich Bonhoeffer fue un teólogo luterano durante la II Guerra Mundial que empezó a cuestionarse las políticas sociales y a los políticos de su tiempo, llegando a oponerse abiertamente al nazismo en su país, Alemania. Terminó siendo ejecutado por su participación en un complot para asesinar a Hitler. Su *Letters and Papers from Prison*, escrito en los dos años anteriores a su ejecución, está considerado uno de los diez libros más importantes del siglo veinte.

En una de esas cartas, Bonhoeffer escribe: «Los religiosos hablan de Dios cuando la percepción humana y los recursos humanos fallan... (*lo cual a menudo ocurre por desidia*)». Y siguió diciendo que hasta que la humanidad no empiece a asumir su responsabilidad social y adopte acciones maduras a la luz de un sentido de comunidad compasiva, solo estaremos pronunciando palabras que, en efecto, harán de Dios una máquina, algo que viene en nuestra ayuda cuando no podemos resolver los problemas por nuestra propia cuenta.

Jesús enseñó responsabilidad y participación en la vida. Cuando dijo: «Vengan en pos de mí y los haré pescadores de hombres», estaba hablando de ser y pensar en cosas grandes, no como un niño que lo único que le preocupa es su próximo biberón, sino como un adulto que busca cambiar el mundo.

Como mi amiga Jackie Brewton dice tan elocuentemente: «Vivimos bajo nuestro "Privilegio Divino"». Con tal privilegio viene la responsabilidad.

Pero yo misma a menudo me encuentro pidiéndole a Dios nada más que cosas... éxito... protección para mí y para mis seres queridos... una vida sin dolor y un pasar fácil a un lugar aun mejor. Cuando hago eso, ¿estoy siendo un cristiano, o simplemente un niño de pecho, atado a Dios de por vida, solo para ser alimentado y protegido?

Cuando acepte a Jesús como el entrenador para la vida, deberá estar consciente del paso que da. Puede que no signifique sufrimiento físico. Ya muy pocas personas en el mundo libre mueren como mártires. Pero puede significar la anulación de las fronteras y límites autoimpuestos por su ego. Puede significar la demolición de su zona de comodidad y una demanda para que asuma una mayor responsabilidad que nunca pensó que sería posible. No necesariamente responsabilidad por otro u otros, sino por usted, por su alma, por su propio bienestar eterno.

Jesús sabe de lo que usted es capaz, más que usted mismo. Él no ha venido a su vida en este punto solo para llevarlo de paseo al zoológico. Mi amiga Amy dice que cuando se encontró con Cristo, fue como entrar a la casa encantada de un parque de diversiones. «Al principio en la entrada todo parecía normal, pero de pronto y ya adentro, nada era igual».

Jesús remecerá su mundo. Y usted empezará, como un adulto, a aprender qué es ser maduro en un mundo inseguro, difícil e injusto pero que es el mundo al cual usted y yo hemos sido llamados para ser los ojos, los brazos y los oídos de Cristo... asumiendo nuestro lugar en la verdadera comunidad cristiana de compasión y acción social en lugar de dar vueltas en un caballito de carrusel empujado por líderes con sus propias agendas.

PREGUNTAS

1. ¿En qué área de su vida actúa como un niño?
2. ¿Cómo cree que Dios ve eso?
3. ¿Cuándo empieza la «fe» realmente a lucir como un niño pedigüeño?
4. ¿Cuál es la diferencia?

Querido Señor:
Ayúdame a ser un cristiano que busque tu compañía en lugar de alguien que requiere un juguete y una bolsa de pañales. Amén.

PRACTICARÁ LA CONFRONTACIÓN POSITIVA

Si tu hermano pecare contra ti, repréndele; y si se arrepintiere, perdónale.
—Lucas 17.3

Me encontraba mirando en la televisión la muestra de nuevos automóviles que cada año se realiza en Detroit. Aquí se exhiben los nuevos modelos que saldrán al mercado. El animador se había concentrado en el color de los vehículos y en un estudio psicológico según el cual supuestamente se conoce la personalidad del conductor por el color del auto que conduce. Aparentemente, en los Estados Unidos el color blanco es el más solicitado. Blanco significa «deseo de mezclar». Aquella explicación no me pareció nada buena.

En un grupo de estudio en una iglesia a la que asistí el domingo pasado, se hicieron preguntas acerca de la relevancia de la iglesia y del cristianismo en los Estados Unidos hoy día. El moderador preguntó: «¿Cuánto de religión es cultura?» y el grupo despegó. Luego señaló que cada experiencia que usted y yo tenemos está mediatizada e interpretada a través del filtro de nuestra cultura. Si eso es verdad, una cultura que decide que los carros con colores que se mezclan se venden mejor que los que no se mezclan está, subconsciente y y prepotentemente, induciéndonos a creer que no es bueno sobresalir o ser diferente.

Imágenes de la Alemania nazi y las conocidas esposas de Stepford parecían idénticas mientras marchaban en mi cabeza y pensaba en cuántos de nosotros tenemos miedo de asumir una posición impopular o entrar en una confrontación positiva.

En una visita escalofriante que hice con mi amiga Linda al museo del campo de concentración en Mauthausen, Austria, se nos contó que Hitler comenzó como un autor de éxito que luego infiltró el sistema educacional con informes científicos falsos acerca de la superioridad de la raza alemana. A los alumnos se les enseñó que no era bueno confrontar a las autoridades o hacer preguntas de cualquier tipo a sus profesores. Se les dijo cómo tenían que vestir y actuar y el papel que cada uno tenía que desempeñar y en cuestión de unas décadas Hitler había desarrollado una cultura de complacencia, fácilmente manipulable en una guerra devastadora.

Esta saliente cultural volvió a mi mente cuando hablé en Viena sobre el mundo empresarial. El salón estaba lleno al máximo de austriacos curiosos por escuchar sobre la mezcla de espiritualidad y negocios acerca de lo cual escribí en mi primer libro *Jesus, CEO*. Después de exhortar a los oyentes a encontrar su misión específica en la vida, y luego llevarla a cabo, una cantidad de personas se acercó a mí una vez terminada la charla. Casi todos tenían la misma pregunta: «¿A dónde tenemos que ir para conseguir permiso para hacer lo que usted dice?»

«¿Hacer qué?»

«Bueno, empezar nuestro propio negocio».

Me encontraba frente a una generación de personas entre treinta y cuarenta años de edad, cuyos padres les habían enseñado sobre el dolor de la muerte; por lo tanto no era sabio sobresalir o hacerse ver individualmente en un forma llamativa..

Jesús fue un maestro en el arte de la confrontación positiva. Es solo cuando uno está dispuesto a formular preguntas difíciles, primero a uno mismo y luego a los demás, que empezaremos a movernos hacia delante y a niveles más altos de verdadera prosperidad y realización.

En su película premiada *Bowling for Columbine*, Michael Moore presenta a dos estudiantes que sobrevivieron a la masacre de Columbine y que aun tienen balas dentro de sus cuerpos. Al saber que las balas habían sido compradas en una tienda K-Mart, Moore lleva a estos dos muchachos a las oficinas internacionales de la cadena y pide hablar con el jefe ejecutivo. Una empleada encargada de atender a la prensa se presenta y les dice que el jefe ejecutivo no estará en una semana, pero si quieren escribir sus preguntas, ella se encargará de que las conteste.

Moore le dice: «He traído a estos dos muchachos aquí después de haberles prometido que serían recibidos por alguien con autoridad». Ella desaparece y a las dos horas aparece el hombre encargado de la compra de las municiones que se venden en todas las tiendas K-Mart. Obviamente, el hombre está visiblemente nervioso e incómodo ante Moore y las cámaras, y parece ausente cuando los muchachos se alzan la camisa y le muestran las marcas dejadas por las balas. El empleado se vuelve para retirarse y por sobre el hombro les dice: «Vuelvan en una semana».

Moore y los muchachos abandonan el edificio desalentados, sospechando que no lograrían nada. Sin embargo, dos días después hay una conferencia de prensa donde el portavoz de la compañía dice: «Nos complace anunciar que a partir de hoy en noventa días, K-Mart no venderá más municiones para pistolas».

Moore y los muchachos están alborozados. Nunca pensaron que su táctica de confrontación positiva daría resultado. El vocero declaró que la reunión entre los ejecutivos, Michael Moore y los estudiantes sobrevivientes de Columbine los había afectado profunda y directamente, llevando a K-Mart a modificar su política.

En el 2002, la revista *Time* seleccionó como Persona del Año a los que denunciaron a Enron, WorldCom y el FBI, quienes confrontaron abiertamente a sus superiores sobre defectos del sistema, defectos que probaron ser, en cada caso, fatales. Al ser entrevistados por un reportero de la revista, se les preguntó si se consideraban héroes. «Oh, no», respondió uno de ellos. «Yo simplemente estuve dispuesto a decir la verdad y defender lo que me parecía justo. ¿No es esto lo que espera la patria de nosotros? »

A menudo, Jesús inició sus «sesiones de instrucción» con una confrontación positiva. «¿Quieres ser sanado? ¿Dónde está tu marido? ¿Quién piensan ustedes que soy yo?» Él no rebuscó las palabras ni trató de actuar con diplomacia cuando se trató de llamar a las cosas por su nombre. Una y otra vez dijo: «La verdad os hará libres».

A menos y hasta que aprendamos el arte de la confrontación positiva no habrá cambios, sea en nosotros como individuos o en la sociedad. Es probable que haya conversaciones sobre lo que sabe que necesita tener, pero tiene miedo. ¿Qué es?

Jesús le enseñará cómo manejar la confrontación positiva.

PREGUNTAS

1. ¿Qué confrontaciones valientes y positivas necesita tener en su vida hoy?

2. ¿Cuál es la diferencia entre confrontación positiva y un ataque irreflexivo?

3. ¿A quién puede buscar como su aliado y modelo para practicar esta conversación confrontacional y valiente?

Querido Señor:
Tú sabes que necesito tener algunas conversaciones serias con algunas personas. Dame el valor y la decisión para hacerlo. Amén.

RECIBIRÁ PAN...
MULTIPLICADO

Y TOMÓ EL PAN Y DIO GRACIAS, Y LO PARTIÓ.
—LUCAS 22.19

Jesús, en la tierra, nunca creó algo de nada.

Usó el agua que ya estaba allí para hacer vino. Usó la boca de un pez para conseguir una moneda con la que pagar impuesto al César. Alimentó a cinco mil tomando primero un pedazo de pan que se le había ofrecido. Dio gracias, lo partió y luego mandó que lo distribuyeran entre la gente que estaba reunida allí.

Cuando Elías necesitó comida, lo puso cerca de una viuda hambrienta quien le dijo que solo le quedaba un mendrugo con el que pensaba alimentarse ella y su hijo. Elías le preguntó si tenía un poco de aceite en la casa. Ella le dijo que de aceite tampoco le quedaba nada. (Dios tiene sus formas de reunir a la gente cuando están colgando de un hilo y luego les pide más cuerda.) Cuando la viuda le trajo el jarro de aceite, este se multiplicó milagrosamente, dejándola con suficiente no solo para su lámpara sino también para vender y sostenerse ella y su hijo.

Aquí hay dos principios clave. El primero es que *siempre se requiere que usted entregue lo que tiene*. Si los encargados de la boda no hubieran estado dispuestos a traer cántaros de agua, no habría habido vino. Si el niño no hubiese estado dispuesto a entregar su almuerzo, no habría habido merienda campestre. Si la viuda hubiese escondido su insignificante cantidad de aceite, se le habría terminado y habría quedado ella y su hijo en la oscuridad. Por eso, sea lo que fuere que Dios le esté pidiendo que haga, hágalo. Entregue lo que haya que entregar. Una vez escribí un pequeño poema que dice: «Cuando el amor llega buscando el amor en ti, dáselo. Es todo lo que puedes hacer».

El segundo principio que hay que recordar es que *lo que sea que ofrezcas, cambiará de forma*. Puede ser que se rompa o haga añicos en el proceso, pero se multiplicará.

Muchos vamos a una entrevista de trabajo pensando que necesitamos tener todas las respuestas y todas las calificaciones. Nuestra cultura nos ha preparado para lucir siempre bien y tratar —sin importar cómo— de impresionar por nuestra capacidad. Lo bueno acerca de Jesús es que él se fija en lo que usted tiene, lo transforma y lo multiplica en maneras que nunca había imaginado.

A veces me imagino a Jesús sentado en una silla. Alguien viene y dice: «Me gustaría trabajar contigo». Jesús, como el pequeño Bam Bam en *Los Picapiedra*, hace que la persona se acerque, le estrecha la mano y procede a lanzarlo por los aires, a vapulearlo con la velocidad del relámpago solo para dejarlo erguido, mirando atónito pero sin embargo mejor, más fuerte y más feliz que antes.

Los recursos con los que usted comenzó no los reconocerá. Es posible que su esencia sea la misma, pero serán multiplicados. Trátese de un canasto para picnic con comida sobrante cuando pensó que tenía suficiente para usted solo, o un bote que está a punto de hundirse por la cantidad de pescados que tiene en cubierta, se asombrará de lo que el Señor hará por usted, a través de usted, si le ofrece lo que tiene.

Su pan se multiplicará.

PREGUNTAS

1. ¿Qué recursos tiene actualmente que le parecen insuficientes?

2. ¿Qué pasaría si usted los entrega, como hizo el niño de la historia?

Querido Señor:
Toma lo que tengo, tal como está y multiplícalo según tu voluntad. Estoy preparado para el asombro. Amén.

NADARÁ CONTRA LA CORRIENTE

ECHAD LA RED A LA DERECHA DE LA BARCA.
—JUAN 21.6

Hay una idea entre muchos cristianos que «si Dios está en esto, las puertas se abrirán». Aunque muchas veces es así, a veces no lo es.

El peligro de enseñar esto como si fuera una verdad espiritual estricta es que a veces la voluntad de Dios no sigue la vía de la resistencia menor. Recuerde, a veces, la vía de la resistencia menor suele ser la pendiente.

Por ejemplo, Moisés tuvo que ir a Faraón siete veces para poder hacer efectivo el mensaje que era tiempo de dejar ir a los israelitas.

¿Qué habría sucedido si Moisés hubiese hecho un viaje al palacio del Faraón, hubiese dicho: «Deja ir a mi pueblo» solo para que Faraón le dijera «No»? (Que es exactamente lo que sucedió.) Si el entrenador de Moisés en aquel tiempo hubiera creído que «si Dios está en esto, las puertas se abrirán», Moisés habría vuelto al desierto solo para cuidar ovejas por los siguientes cuarenta años.

Pero Moisés aprendió dolorosa y concienzudamente que cuando Dios lo manda a hacer algo, hay que ir, sea que las puertas se abran o permanezcan cerradas. «La fe es la sustancia de las cosas esperadas, la evidencia de las cosas que no se ven» (Hebreos 11.1). Cuando Dios lo llama a que tenga fe será cuando las puertas parezcan cerradas.

Créame, yo he estado a ambos lados de las puertas: de aquellas que se abren naturalmente y de aquellas que parecen soldadas. Y a veces Dios ha estado en ambos lados de esas puertas. Es solo a través del discernimiento y de la persistencia que usted podrá saber cual puerta escoger.

Tuve el placer de sentarme cerca de Tom Coughlin, presidente de Wal-Mart. Mientras hablábamos de nuestro mutuo interés en el proyecto *Path for Teens* [Camino para adolescentes] que estábamos lanzando en El Paso, Texas, no pude sino darme cuenta de una serie de dichos del fundador de Wal-Mart, Sam Walton, enmarcados y colgando de las paredes en el salón de conferencias. Sam creía que hay diez cosas que uno necesita hacer para establecer una empresa exitosa. Tuve tiempo para apuntar las palabras clave de cada principio. Hélas aquí, según las recuerdo de memoria:

1. Comprométase con su negocio.
2. Comparta las ganancias con su personal.
3. Motive a sus empleados a dar lo mejor de ellos.
4. Comunique lo que está pasando.
5. Sea agradecido con los que le ayudan.
6. Felicite por los éxitos.
7. Escuche a la gente que le habla, especialmente a los clientes.
8. Vaya más allá de sus expectativas.
9. Controle los gastos mejor que la competencia.
10. Nade contra la corriente.

El punto diez captó mi atención: Nade contra la corriente.

La sabiduría de Sam Walton ha quedado probada con el tiempo. Hoy por hoy, Wal-Mart es la compañía más grande y más lucrativa en el mundo, empleando a más de un millón de personas alrededor del globo.

Sam decidió que la gente en el centro de los Estados Unidos tenía tanto derecho como otros en el mundo, de obtener mercadería de calidad a precios razonables. Decidió servir a la gente de las áreas rurales de Estados Unidos más que a la que vivía en las metrópolis donde hay millones de consumidores. Sintió que los granjeros y sus esposas merecían ahorrar dinero sin tener que viajar hasta los pueblos y ciudades cercanos para conseguir lo que necesitaban. Por aquel tiempo, se rieron de su idea.

En esos entonces, las tiendas de venta al detalle estaban localizadas alrededor de las grandes ciudades y no en las áreas campesinas. Silenciosamente, Sam empezó a nadar contra la corriente, comenzando con una pequeña tienda de ventas al detalle que adquirió, ampliándose luego a 13 tiendas, luego a 100, empleando siempre sus diez principios para el éxito. Hoy día hay 3.400 tiendas Wal-Mart diseminadas por todo el mundo. Y en el pequeño pueblo de Bentonville, Arkansas, se encuentra la sede de la más grande corporación de los Estados Unidos. Sam Walton nadó contra la corriente y tuvo éxito.

Cuando ocurrió la Gran Depresión, IBM era solo una de las muchas corporaciones que vio caer en picada el valor de sus acciones. Thomas Watson, padre, el jefe ejecutivo de IBM, tomó la decisión de mantener abiertas las fábricas de la compañía. Rehusó despedir a sus trabajadores e incluso llegó a invertir millones de dólares en una división de investigación y desarrollo. En su libro *The Maverick and His Machine: Thomas Watson Sr. and the Making of IBM* [El rebelde y su máquina: Thomas Watson, padre, y el milagro de IBM], el escritor Kevin Maney cuenta la historia de Watson e IBM.

Dice: «Watson pidió prestada una receta común y corriente para alcanzar un éxito abrumador: tener lista una porción de locura, una porción de suerte y una porción de trabajo duro para cuando la suerte llegara». Watson, el optimista empedernido, aprovechó cada oportunidad para predecir el fin de la Depresión y expresar su creencia de que «el progreso industrial nunca se ha detenido». Dijo que los problemas de Estados Unidos se debían no a una sobre producción sino a una baja producción y puso a IBM a fabricar máquinas en número récord en un tiempo cuando no había pedidos.

Pero entonces ocurrió el «milagro». El 14 de agosto de 1935 el presidente Franklin D. Roosevelt firmó y convirtió en ley el Acta de Seguridad Social. De esta manera, de la noche a la mañana cada negocio en los Estados Unidos tuvo que rastrear las horas y salarios de cada uno de sus empleados y determinar qué cantidad tenía que pagar al Seguro Social. La demanda fue abrumadora. Demandas de máquinas para sistemas contables capaces de establecer los detalles de los negocios. IBM ganó el contrato para hacer todo el equipo para el sistema federal contable y las ganancias saltaron, en tres años, de diecinueve millones en 1934 a treinta y uno. Tom Watson nadó contra la corriente y obtuvo la recompensa por hacerlo.

Si piensa en las palabras de Jesús, se sorprenderá de cuán a menudo le pidió a la gente nadar contra la corriente. A los pescadores les dijo que se olvidaran de la tradición y echaran las redes al otro lado del bote. Más tarde, le dijo a Pedro en un sueño que llevara el mensaje de las buenas nuevas a los gentiles, un mensaje que estaba cambiando una tradición de «exclusividad» de casi tres mil años. A sus discípulos les dijo que nadaran contra la corriente, al ser amables con sus enemigos y orar por ellos. Que nadaran contra la corriente al no buscar las cosas de este mundo, que se oxidan y están expuestas al robo, sino que buscaran primero el reino de Dios, un estado de ser invisible y acumularan tesoros en el cielo. Cada mensaje de Jesús fue «nadar contra la corriente».

Jesús nadó contra la corriente.

PREGUNTAS

1. ¿Dónde está su entrenador pidiéndole que nade contra la corriente?

2. ¿Qué es lo que parece tan difícil en eso?

3. ¿Cuál podría ser la recompensa si allí es donde yace el tesoro?

Querido Señor:
Gracias por enseñarme que tus caminos son más altos que los míos. Gracias por desafiarme a no tomar el camino más fácil... ni entrar por cualquier puerta que se me abre, sino buscar tu voluntad y dirección en todas las cosas. Amén.

SE MOSTRARÁ AMISTOSO

EL HOMBRE QUE TIENE AMIGOS,
HA DE MOSTRARSE AMISTOSO;
Y UN AMIGO ES MÁS CERCANO QUE UN HERMANO.
—PROVERBIOS 18.24

Recientemente, un querido amigo me contó su experiencia al participar en el funeral de un adolescente muerto trágicamente por un disparo accidental. La vida del muchachito, que había alcanzado a vivir escasos dieciseis años, no tenía mucho para destacar. No había ganado premios ni honores ni se había destacado como un gran alumno en la escuela. Sus notas no habían sido malas, pero tampoco sobresalientes.

No obstante, su funeral estuvo muy concurrido. Los que habían ido a darle el último adiós eran tantos que tuvieron que hacer fila para presentar sus condolencias a la familia.

Su angustiada madre estaba impresionada por las expresiones de amor y dolor de la comunidad. Sollozando, se volvió a mi amiga y le dijo: «Un compañero de la escuela vino y me dijo que Billy siempre se había mostrado amistoso con todos, y eso es lo que nos gustaba de él». Sus dones no habían sido premios ni honores, sino un espíritu abierto y amistoso hacia los demás. Solo veía lo bueno entre los que eran sus amistades y lo reconocía mostrando su alegría de que fueran sus amigos.

Mucha gente ha crecido con la imagen de un Dios colérico, gritón, castigador que les resulta difícil pensar que sea un ser amistoso. Pero es cuestión de echar una mirada a los evangelios para darse cuenta cuán amistoso fue Jesús. Siempre estaba relacionándose con la gente y esperando lo mejor de ellos.

«¡Oye, Zaqueo! ¿Por qué no te bajas de ese árbol y cenamos juntos?», le dijo, amistosamente, a un hombre del cual los demás se mofaban y despreciaban. Jesús se manifestó amistoso hacia él.

«¡Hola!», le dijo a la mujer en el pozo. «¿Qué vienes a buscar por aquí?» Él fue quien primero habló a una mujer y extranjera y lo hizo en un tono amistoso. Fue Él quien inició el diálogo.

Piense en su forma de reclutar a sus seguidores. «¡Eh, amigos! ¿Quieren venir conmigo?» ¡Y ellos lo hicieron!

Seis días atrás me encontraba caminando por la ribera del Río Grande con algunas amigas. Recién habíamos vuelto de la iglesia y estábamos disfrutando de la belleza del día. Habríamos caminado un kilómetro cuando me fijé en un perro echado en medio de unos arbustos. Al principio pensamos que estaba herido. Una de las personas que iba con nosotros saltó hacia atrás ante el temor que el perro pudiera atacarnos.

Pero le dirigí unas palabras amables y el perro de inmediato se levantó y vino hacia mí, cabeza gacha y moviendo la cola.

En su mirada, pude ver claramente que había sido abandonado. Con la experiencia adquirida cuando trabajé con *Animal Rescue* [Rescate de animales] me di cuenta de inmediato que a ese perro lo habían abandonado en la ribera del río y que había andado corriendo por días en busca de su camino a casa. Poniendo las manos en forma de cuenco, sacamos agua del río y le dimos de beber. El perro lamió ansioso hasta la última gota. Me saqué la pañoleta que llevaba en el cuello y le hice un collar. En un momento, el perro ya tenía nombre. Mis amigas le pusieron Scooby Doo.

Lo que me sorprendió de este perro abandonado fue que, al seguir nuestra caminata, pude ver que cada vez que aparecía una persona, movía la cola. No era que la reconociera, sino que parecía entender que todos eran dignos de amor y de recibir su saludo, pese a que a él mismo lo habían abandonado. Lo interesante es que la disposición a la amistad pareció haberle salvado la vida. Yo tenía que tomar un avión dentro de una hora, así es que empecé a orar sobre qué hacer con este perro tan amable. Mis amigas ya tenían dos perros cada una y por el alzamiento de sus cejas, entendí que no estaban dispuestas a llevarse a casa a Scooby Doo. A pesar que no se veía solución, seguimos caminando. Y mientras caminábamos, yo oraba en busca de una solución.

De pronto, apareció una señora que, acercándose a nosotros, nos dijo:

—¡Qué hermoso perro!

Le dije:

—Acabamos de encontrarlo. Parece que alguien lo abandonó. ¿Le gustaría llevárselo a casa? (La esperanza es lo último que se pierde.)

Ella se acuclilló, lo tomó en sus brazos y dijo:

—¡Sí que me gustaría!

Yo estaba sorprendida.

—¿De verdad que lo quiere?

Ella me respondió:

—¡Sí! Mi compañera de habitación y yo decidimos anoche que era tiempo que nos hiciéramos de un perro. Íbamos a ir mañana a la perrera a buscar uno.

En la breve charla que sostuve con ella supe que trabajaba en una guardería infantil. *Perfecto. Quedará en buenas manos*, pensé. Acto seguido, Scooby Doo le lamió la cara, ella lo tomó en sus brazos y se fueron por el mismo caminito junto al río donde el perro hubiera podido morir.

Hay un espíritu de amigabilidad en el mundo que abunda en los animales y que escasea entre los humanos. La amigabilidad no es un acto, es una actitud.

Me encontraba jugando a la escuela con Dominique, sobrino de cinco años de una amiga. Yo era la alumna y él era el profesor. Me enseñaba a reconocer la diferencia entre las monedas de diez, cinco y un centavo. Alcé mi mano y pregunté: «Profesor, ¿por qué hacen las monedas de diez y cinco centavos blancas y las de un centavo, color cobre?»

Dominique se puso las manos en las caderas por un momento mientras arqueaba las cejas en señal que estaba pensando la respuesta. Después de unos segundos, me miró y dijo: «La verdad es que no sé exactamente por qué lo hacen así, pero supongo que tendrán su buena razón para hacerlo».

Lo abracé y grité de emoción. ¡Cuánta inocencia y amigabilidad comunicaba!

El primer salmo dice: «Bienaventurados aquellos que no se han sentado en silla de escarnecedores» (Salmo 1.1, paráfrasis de la autora). ¿Pero no tenemos una sociedad en peligro de hacerlo? La amigabilidad y el optimismo fueron la marca distintiva de la personalidad de Jesús. Siempre estuvo dispuesto para hablar la verdad. Pero su capacidad de adaptarse y su popularidad con las multitudes demostraron que era un hombre amigable, que disfrutaba compartir y celebrar y poner vida adondequiera que fuera.

Jesús siempre se mostró amigable.

PREGUNTAS

1. Cuando ve a un extraño acercarse, ¿empieza «a mover la cola» en señal de amigabilidad o se amedrenta ante un posible maltrato?

2. ¿Dónde en su vida usted debería ser más amigable y relacionarse con otros más de lo que lo ha hecho, aun en las cosas pequeñas?

3. ¿Cuáles cree que serían los beneficios de ser así?

Querido Señor:
El que el sol alumbre sobre buenos y malos es una demostración de tu espíritu amigable hacia todos. Ayúdame a ser como tú. Amén.

Aprenderá
a escuchar

Bienaventurados vuestros oídos,
porque oyen.
—Mateo 13.16

Mi amiga Jane Creswell dice que una de las características de los buenos entrenadores, es que escuchan más de lo que hablan. De hecho, la proporción de escuchar al que habla cuando se es un entrenador es de diez a uno. En otras palabras, el noventa por ciento de la actividad principal del entrenador es escuchar en lugar de hablar.

Sí, hay en nuestra sociedad una escasez tan grande de «escuchadores» que no me resisto a volver a contar una historia que me ocurrió ayer.

Me encontraba preparando una presentación importante que tendría que hacer en una compañía bastante grande. Me di cuenta que me faltaba algo, así es que llamé a uno de mis proveedores para tratar de conseguir ese material lo más pronto posible. Me refirieron al departamento de ventas.

El vendedor que me atendió oyó las dos primeras palabras y empezó a hablar... y a hablar... y a hablar. Era una de esas personas que han perfeccionado el arte de hablar sin respirar *porque respirar significa una pausa y una pausa significa que alguien puede aprovechar la oportunidad para hablar y entonces aquel monólogo se puede transformar en una conversación lo cual este tipo de personas odia como lo peor del mundo.* (¡Uff, necesito una pausa para respirar!)

Mientras el hombre hablaba y hablaba, la batería de mi celular se murió. Tuve que levantarme del escritorio en el hotel donde me encontraba, correr escaleras abajo, pedirle al valet que trajera mi automóvil donde se encontraba el cargador. Cuando el valet llegó con el auto abrí mi maletín donde tenía un cordón extra, lo conecté al encendedor, conecté mi celular, busqué en mi libreta de direcciones el número de la tienda y volví a llamar. Todo este trámite tomó unos doce minutos. Cuando el vendedor me contestó a través de su segunda línea, reconoció con sorpresa que durante todo ese tiempo no se había dado cuenta de mi ausencia. «Entiendo», le dije con toda calma, mientras el hombre seguía hablando. Ni siquiera se tomó la molestia de preguntarme qué me había pasado.

Finalmente, le dije: «Mire, Bill. Tengo que irme. Le voy a mandar por el correo electrónico la información de lo que necesito». Y así lo hice.

Ese Bill supo tanto como un hombre en la luna lo que yo necesitaba. Cuando recibí mi pedido, el símbolo, el nombre y el color no eran lo que yo había solicitado. Como resultado, este vendedor perdió una orden bastante importante. Simplemente porque en lugar de escuchar, no paró de hablar.

Si tuviera que comenzar una escuela y diseñar un curso sobre espiritualidad, las primeras lecciones que pondría en Espiritualidad 101 serían sobre someterse y escuchar. En realidad, ambas cosas son una y la misma.

Usted no puede escuchar cuando tiene su propia agenda en marcha. No puede escuchar cuando está esperando una pausa en la conversación para introducir su opinión. No puede escuchar cuando presume conocer el problema antes de saber de qué se trata.

Con mi agencia de publicidad acostumbraba hacer una gran cantidad de entrevistas médicas. Preguntaba a los doctores sobre cómo organizaban sus prácticas médicas. Algunos estudios han demostrado que un médico comienza a hacer diagnosis de un paciente dentro de los tres minutos siguientes que este entra en su consulta.

Nueve de cada diez veces el médico interrumpe al paciente y no lo deja terminar sus frases. No importa que tengamos cientos de miles de pacientes mur-iendo cada año de *iatrogenic*, que es una forma elegante para decir que «el doctor cometió un error».

Mi madre no es la única molesta por el nivel de «diálogo» que se da en programas de televisión tales como *Point and Counterpoint* [Punto y contrapunto]. Nadie logra terminar lo que está diciendo. La otra persona interrumpe hablando tan alto que a veces parece que estuvieran peleando. Allí, nadie escucha a nadie. Cuando uno toma una posición que no sea la búsqueda de la verdad, está en peligro de no entender lo que se dice o se argumenta.

Se escucha reflexivamente cuando no solo se hace una pausa y se piensa en lo que se ha dicho, sino cuando se es capaz de repetir lo que el interlocutor ha dicho. Escuchar reflexivamente es esperar una oportunidad para decir algo en la conversación.

El libro de Proverbios está lleno de dichos sobre el valor del silencio. Uno de mis favoritos es el que dice: «Nunca respondas al necio de acuerdo con su necedad» (26.4). En otras palabras, no se debe expresar una opinión ignorante solo porque alguien lo haya hecho.

Jesús fue un hombre de pocas palabras. Cuando habló con alguien en el camino, le preguntó: «¿Qué quieres que haga por ti? » Y luego escuchaba la respuesta.

Jesús sabía escuchar.

PREGUNTAS

1. ¿Cuánto en realidad escucha usted a los demás?

2. Defina lo que es escuchar reflexivamente

3. ¿Por qué escuchar es una forma de rendición?

4. ¿Por qué rendirse es una forma de escuchar?

5. ¿Cómo sería el mundo si más personas escucharan en lugar de gritarse unos a otros?

Querido Dios:
Jesús dijo: «Gracias, Padre, por oírme». Yo quiero decir lo mismo. Amén.

No temerá
entrar en el agua

Aconteció en aquellos días, que Jesús vino
de Nazaret de Galilea, y fue bautizado por
Juan en el Jordán. Y luego, cuando subía
del agua, vio abrirse los cielos, y al Espíritu
como paloma que descendía sobre él. Y vino
una voz de los cielos que decía: Tú eres mi
Hijo amado; en ti tengo complacencia.
—Marcos 1.9-11

Jesús fue un hombre del desierto. Él sabía que pocas cosas en ese clima y topografía tan áridos eran tan apreciadas y vitales como el agua. No es extraño que ante la mujer en el pozo, se haya descrito como el Agua Viva.

El agua es uno de los elementos más misteriosos y fascinantes porque puede ser reflectante y sanadora o peligrosa y anegante. Algunos científicos dicen que el agua tiene propiedades magnéticas. Las mareas siguen la atracción de la luna y en un versículo se nos dice que «aun los vientos y el mar le obedecen» (Mateo 8.27). Algunos de los momentos favoritos de Jesús eran los que pasaba cerca del Mar de Galilea.

Su primer milagro fue convertir el agua en vino. Pero lo que realmente me asombra de Él es que estuvo dispuesto a entrar en el agua para que nosotros pudiéramos levantarnos secos.

Cuando entró al río Jordán y le pidió a su primo Juan que lo bautizara, Él estaba diciendo que estaba dispuesto a comenzar una nueva forma de vida. Ya no sería el hijo de José, el carpintero. Estaba a punto de entrar en un nuevo estado de existencia, y de existencia percibida. Y Él lo sabía. Después que hubo mirado el agua y entrado en ella, nosotros nunca fuimos los mismos.

Uno de mis pasajes favoritos de la Escritura se encuentra en Ezequiel 47. Para analizarlo, lo repasaremos aquí:

> Me hizo volver luego a la entrada de la casa; y he aquí aguas que salían de debajo del umbral de la casa hacia el oriente... y salía el varón hacia el oriente, llevando un cordel en su mano; y midió mil codos, y me hizo pasar por las aguas hasta los tobillos. Midió otros mil, y me hizo pasar por las aguas hasta las rodillas. Midió luego otros mil, y me hizo pasar por las aguas hasta los lomos. Midió otros mil, y era ya un río que yo no podía pasar (vv. 1-5).

Para mí, una parte preciosa de esa visión es que cuando Ezequiel entró en el agua, al principio su profundidad le llegaba a los tobillos. Todavía estaba en control de la situación. Todavía podía volver atrás. El agua solo le llegaba a los tobillos. Ninguna gran cosa. Pero a medida que la corriente aumentaba, la profundidad era mayor. Ya no eran solo los tobillos, sino también las rodillas. Y pronto la corriente era tal que ya Ezequiel no la pudo pasar.

Cuando usted entra en la voluntad de Dios, puede experimentar una sensación de que sigue en control, en la parte alta de las cosas. Las palabras y métodos de Dios apenas le mordisquean los tobillos. Si tiene miedo o el agua es demasiado fría o se siente incómodo puede salirse de la corriente. Todavía puede hacerlo.

Pero a medida que profundiza en Dios, las aguas se hacen más profundas. Y pronto, aquello que no era más que una corriente, lo llevará en una experiencia que nunca pudo haberse imaginado.

Me encanta la historia del río Jordán donde los sacerdotes reciben la orden de entrar en el agua.

Entonces Jehová dijo a Josué: Desde este día comenzaré a engrandecerte delante de los ojos de todo Israel, para que entiendan que como estuve con Moisés, así estaré contigo. Tú, pues, mandarás a los sacerdotes que llevan el acta del pacto, diciendo: Cuando hayáis entrado hasta el borde del agua del Jordán, pararéis en el Jordán... Y acontec ió cuando partió el pueblo de sus tiendas para pasar el Jordán, con los sacerdotes delante del pueblo llevando el arca del pacto, cuando los que llevaban el arca entraron en el Jordán, y los pies de los sacerdotes que llevaban el arca fueron mojados a la orilla del agua... las aguas que venían de arriba se detuvieron como en un montón bien lejos... Mas los sacerdotes que llevaban el arca del pacto de Jehová, estuvieron en seco, firmes en medio del Jordán, hasta que todo el pueblo hubo acabado de pasar el Jordán (Josué 3.7-8, 14-17).

Nótese que el cruce victorioso no se logró sino hasta que se mojaron los pies.

Quizás recuerde alguna ocasión cuando se subió al trampolín más alto, decidido a saltar a las aguas de la piscina. Al principio, todo parecía fantástico. Los jovencitos disfrutaban haciéndolo. No se requería de la presencia de ambulancias. El momento llegó. Avanzó a pasos lentos hasta el borde del trampolín, listo para dar su salto olímpico cuando de pronto, sintió el agua corriendo por su cuerpo helado en la profundidad de la piscina. Se estremece. El trampolín le parece más alto de lo que pensaba. Siente que en lugar de la gloria, su destino es el dolor. Entonces empieza a dar pasitos hacia atrás, pero se encuentra con que hay muchos detrás de usted, gritándole y diciéndole cosas.

Ya no puede echar pie atrás. Así es que cierra los ojos, dice una oración y salta. Golpea el agua, se hunde, sube a la superficie en busca de aire y no puede nadar lo suficientemente rápido hasta el borde de la piscina para subir al trampolín y saltar otra vez.

Cada nuevo esfuerzo es idéntico. Está la clase de valor que se requiere para subir al trampolín y luego otra clase de valor para saltar.

Pero mientras usted no esté dispuesto a entrar en acción y entre en aguas profundas, no madurará.

Nosotros somos capaces de mucho más de lo que suponemos. Demasiado a menudo alguien se autolimita basado en lo que conoce. Decide que eso es suficiente y en esencia dice: «No me pidan más. No quiero saber de nada que sea nuevo. Déjenme aquí que estoy cómodo». Y ahí se queda y nunca aspira a una gloria más alta, que era el destino divino para él.

¿No conoce usted gente que no quiere que le alteren su mundo? ¿Quién necesita lucir bien y estar seguro, más allá de lo que necesita para crecer? Conozco personas así, pero trato de mantenerme alejado de ellas. En uno de mis libros me refiero a ellos como personas «tiesas de cuello», que no pueden volver sus cabezas ni a izquierda ni a derecha para explorar nuevos horizontes. Se mantienen inconmovibles, como una suerte de sombras en el ocaso, nunca buscando algo diferente ni probando todas sus amarguras o todas sus alegrías.

Jesús estuvo dispuesto a cambiar de un estado a otro… a pasar de ser un carpintero a un predicador y sanador… a visitar regiones que no le eran ni amistosas, ni familiares, ni fáciles. Pero se atrevió y estuvo dispuesto a entrar en el agua y así es como empezó su reino.

PREGUNTAS

1. ¿Dónde está maniobrando usted para permanecer en su zona de comodidad?

2. ¿Qué aguas están formando remolinos ante usted amenazándolo con temores inesperados?

3. ¿Quién está brincando actualmente en el trampolín divino detrás de usted, esperando su turno para saltar?

Querido Señor:
¡Ayúdame a *entrar en el agua*! Amén.

RECIBIRÁ CONTINUA RETROALIMENTACIÓN

EL QUE TIENE OÍDOS PARA OÍR, OIGA.
—MATEO 11.15

Recientemente, la compañía Keilty y Goldsmith llevó a cabo un estudio entre más de ocho mil empleados. La encuesta, dirigida por Marshall Goldsmith, fue diseñada para detectar la efectividad de los gerentes que habían tomado un programa de desarrollo del liderazgo según la percibían los que informaban directamente a ellos (informes directos). El estudio quería medir el impacto de la experiencia de aprendizaje basado en aquellos que se beneficiarían directamente de él. Thomas Crane hizo público el resultado en *The Heart of Coaching* y en él se revelan cosas realmente sorprendentes.

A los gerentes se les pidió que respondieran a los informes directos y su retroalimentación implementando un plan de mejoramiento basado en esta última para que le dieran seguimiento con dichos informes a medida que se avanzaba en el proceso. Esencialmente, mientras más respondían los gerentes a la retroalimentación, más altos eran los índices de éxito que alcanzaban. Cuando a los líderes se les pidió que respondieran pero no dieron seguimiento, se vio que la efectividad fue menor. Los líderes que respondieron y luego dieron seguimiento congruente con sus informes directos mejoraron un noventa y cinco por ciento. En otras palabras, el seguimiento congruente condujo a más altos índices de efectividad.

La gente necesita retroalimentarse. Más que necesitarlo, lo desea. Pero frecuentemente los administradores de las empresas creen que la retroalimentación es:

(a) algo únicamente negativo, para sorprender a la gente haciendo algo malo.

(b) o algo que se hace una vez en el año en la forma de un estudio de rendimiento.

Este pensamiento está definitivamente errado. Una vez que un cliente o un empleado o una persona acepta el proceso de instrucción, se hace necesaria la retroalimentación sostenida.

La semana pasada tuve que pasar por un detector de seguridad en el aeropuerto. Me quité los zapatos, los puse obedientemente en el canasto gris, me deshice de mi computadora portátil y la puse sumisamente en el canasto gris, me saqué mi cinturón y mis aretes y los puse en el canasto gris y caminé por el detector con mis brazos levantados exactamente dos pulgadas de mis costados. La empleada que estaba observando el detector me miró, sonrió y me dijo: «Buen trabajo». Yo reaccioné inmediatamente, retribuyendo el cumplido de una guardia de seguridad que de alguna manera había aprendido que la gente necesita retroalimentación aun cuando tenga que pasar por rutinas tan monótonas y poco gratas como aquella.

Mi amiga Shelly Buckner tiene una maestría en diseño de programas de incentivo para niños. Cuando una madre se quejaba que su hijo no estaba haciendo buen trabajo en el jardín infantil, Shelly le preguntaba sobre la conducta del niño. La madre decía: «No se para en la fila que le corresponde, no levanta la mano en el momento en que debe hacerlo, no está haciendo sus tareas y no recoge sus juguetes». Shelly le sugería, entonces, que se consiguiera un cubo pequeño, una baraja de cartas del tipo *Yu-Gi-Oh* y diez ranas de caucho. Luego le daba las siguientes instrucciones: «Cada vez que Billy haga algo bueno, dele una rana para que la ponga en el cubo. Cuando termine de ponerlas todas, dele una carta de la baraja *Yu-Gi-Oh*. Asegúrese que las ranas sean recompensas por las tareas que le dan en la escuela y que hace».

Una semana después, la madre llamó a Shelly para decirle: «Billy se está portando maravillosamente bien. Todo lo que quiere es poner ranas en el cubo. Ya no tengo que gritarle o regañarlo ni tampoco su maestra».

Shelly me dijo que, por lo general, los niños están ansiosos de agradar y que lo único que necesitan es retroalimentación e incentivos que sean tangibles, breves, positivos e inmediatos.

A veces la retroalimentación tenemos que dárnosla nosotros mismos. Una amiga mía es una brillante vendedora de una gran firma financiera. Su trabajo es llamar a los clientes de una lista que le dan. Casi todos los cheques que recibe son de seis cifras aun cuando la mayor parte de la gente en la lista le cuelga el teléfono. Cuando le pregunté cómo hacía para mantenerse motivada, me contó su secreto: «Sé que tengo que hacer cien llamadas en el día para lograr tres ventas. Así es que, cada mañana tomo cien hojas pequeñas de papel y las pongo en una pila al lado izquierdo del teléfono. Cada vez que hago una llamada, sin importar el resultado, tomo una hoja del montón a la izquierda y la pongo a la derecha del teléfono. Mi meta cada día es pasar las cien hojas de la izquierda a la derecha. Este procedimiento me garantiza que en el día voy a hacer las cien llamadas». Ella encontró que su retroalimentación tenía que ser visible y tangible. Un montón de papel en el lado derecho de su teléfono le decía al final del día que había hecho un buen trabajo.

El trabajo del entrenador es el arte fino de satisfacer la necesidad de una retroalimentación coherente que tiene el cerebro humano. Incluso Dios retroalimentó a Jesús cuando dijo: «Este es mi Hijo amado, en quien tengo complacencia». Jesús contó de un hombre rico que dijo a sus administradores fieles: «Bien hecho». Cuando sus discípulos volvieron con sus triunfos y sus derrotas, Jesús los retroalimentó sobre lo que necesitaban hacer para mejorar: «Esta clase solo sale con oración y ayuno». Ellos le contaron su fracaso. Él los retroalimentó.

Jesús, su entrenador, lo retroalimentará también.

PREGUNTAS

1. ¿Quién lo retroalimenta a usted ahora en cuanto a su desempeño?

2. ¿Qué clase de retroalimentación es esa?

3. ¿Cómo podría Jesús retroalimentarlo en una manera específica?

Querido Señor:
Tú me retroalimentas en muchas maneras, a través de la Escritura, a través de amigos y familiares, a través de pastores y asociados, a través de jefes y colegas. Ayúdame a escuchar la forma fundamental de retroalimentación que prometiste, que es la paz que sobrepasa todo entendimiento. Trato de hacer tu voluntad. Amén.

Entrará
en acción

No todo el que me dice: Señor, Señor,
entrará en el reino de los cielos,
sino el que hace la voluntad de mi
Padre que está en los cielos.
—Mateo 7.21

Como alguien que ama soñar más que cualquier otra cosa, tengo que estar recordándome continuamente que debo mantenerme activa. Tuve la bendición de tener, temprano en mi vida, un entrenador personal en la forma de mi jefe Catherine Calhoun de YWCA [*Young Women Christian Association*]. Cuando nos conocimos, yo era una soñadora de veintiocho años de edad. Soñaba con escribir, con cosas increíbles que Dios haría, con que algún día habría de hacer algo asombroso, con cómo luciría *algún día*.

Catherine, que en algún momento pensó en transformarse en una predicadora metodista, me llevó aparte después de haberme observado en el trabajo. Me dijo:

—Laurie Beth, yo creo que la fe es algo que entra en acción en el momento, confiando en la dirección de Dios y no esperando que los milagros lleguen completamente listos. —Y agregó—: Estoy cansada de oírte hablar... sal afuera y empieza a remar.

Otro día, me dijo:

—Los escritores escriben.

Yo le dije:

—¿Qué me quiere decir con eso?

Ella me repitió:

—Los escritores escriben. Ellos no hablan de escribir. Escriben.

Así es que empecé a escribir... siempre en mi diario, pero con mayor interés que antes.

Ella no toleraba excusas cuando se trataba de posponer la «fe». De hecho, como Jesús, es bastante intolerante con la conducta aduladora e insípida. Recuerde que Jesús dijo: «Yo conozco tus obras, que ni eres frío ni caliente. ¡Ojalá fueses frío o caliente! Pero por cuanto eres tibio, te vomitaré de mi boca» (Apocalipsis 3.15-16).

Jesús también dijo esto: «Ninguno que poniendo su mano en el arado y mira hacia atrás, es apto para el reino de Dios» (Lucas 9.62). En otras palabras, Él está diciendo: «¡Arremete!»

El pastor y escritor Erwin Raphael McManus insiste en lo mismo en su libro *Seizing Your Divine Moment*. En él, relata la historia de Jonatán, el hijo de Saúl. Este y su ejército de seiscientos hombres se encontraban peleando contra los filisteos. Cuando ambos lados estaban descansando, Jonatán y su escudero decidieron aprovechar el momento en lugar de acampar debajo de un árbol, y dijeron: «Subamos y veamos lo que pasa».

Y ambos subieron. Asustaron a unos pocos filisteos y les dieron muerte y crearon un pánico tan grande que el ejército enemigo salió huyendo. El meollo de la historia, que se encuentra en 1 Samuel 14.1-23 es que Jonatán decidió aprovechar el momento y entrar en acción en lugar de esperar que sucediera algo.

Yo tengo que mirarme a mí misma o voy a caer en la trampa de mirar las noticias todo el tiempo. Eso me recuerda a Harvey MacKay, que dijo: «En el mundo hay dos clases de personas. Los que miran las noticias y los que hacen las noticias». Los que hacen las noticias son personas que agarran el momento que tienen por delante y entran en acción.

Continuamente me estoy sorprendiendo y desalentando ante la cantidad de cristianos que dice que están «esperando que el Señor les muestre su voluntad». Yo creo que nosotros somos responsables de discernir la voluntad del Señor basados en nuestros dones y talentos naturales y luego entrar en acción para llevar a cabo causas nobles. A menudo, la voluntad de Dios para nuestras vidas se nos revela en retrospecto. Entramos en acción y luego miramos atrás y vemos cómo todas las piezas caen en su lugar correcto... como aquella persona que se cruzó a nuestro paso hizo que tal cosa ocurriera. La voluntad de Dios para nosotros es tan grande y tan compleja que nunca se nos podría revelar en un paquete de entrega rápida o a través de un correo electrónico. ¡Debemos salir a su encuentro!

Jesús atrapó el momento preciso.

PREGUNTAS

1. ¿Dónde está usted esperando que Dios actúe?

2. ¿Qué diría si sus acciones fueran los pasos que los milagros necesitan para hacerse realidad?

3. ¿Cómo puede saber que está haciendo la voluntad de Dios?

Querido Señor:
Enséñame a atrapar el momento, como lo hizo Jesús y hacer siempre lo bueno, dondequiera que sea. Amén.

Estará dispuesto a pedir ayuda

Mi alma está muy triste, hasta la muerte;
quedaos aquí, y velad conmigo.
—Mateo 26.38

Jesús estuvo dispuesto a pedir ayuda. Por ejemplo, todos estamos familiarizados con aquellas ocasiones en que pidió ayuda de arriba: «Querido Señor, escucha mi oración. Sana a este niño», o «Resucita a Lázaro». Él siempre reconoció que necesitaba la ayuda de su Padre para hacer algo. Pero se sintió igualmente confortable pidiendo ayuda de acá abajo, es decir, de sus pares terrenales. «¿Me seguirán?» o «¿Me esperarán?» En ambos ejemplos, estaba pidiendo a sus compañeros que le ayudaran con sus luchas emocionales, algo que la mayor parte de los líderes no se sentirían bien haciendo. Una de las más sorprendentes cualidades de Jesús fue, en efecto, su disposición a mostrar vulnerabilidad.

Mi amiga Linda Miller es socia con Jane Creswell y Suzanne Goebels. Las tres tienen experiencia en el trabajo de instrucción con corporaciones al más alto nivel tanto como detrás del escenario con congregaciones y denominaciones. Linda y yo nos sentamos hace poco para analizar el tema del entrenador no solo desde una perspectiva cristiana, sino también empresarial.

Linda me contó que una de las más grandes equivocaciones sobre el trabajo del entrenador es que la gente siente que él tiene que conocer todas las respuestas. «La última cosa que uno quiere ver desde la perspectiva del entrenador son personas que piensan que ellos tienen todas las respuestas. Cuando alguien entra en el campo de la instrucción porque tiene un deseo de enseñar, generalmente no resulta buen entrenador. Los entrenadores no enseñan, facilitan. Los entrenadores no cuentan cosas, extraen cosas. Y los entrenadores están dispuestos a admitir cuando no conocen las respuestas». De hecho, en una conversación diferente que ella y yo tuvimos sobre arreglos para consultoría mutua, Linda dijo: «Yo seré la primera en decirle cuando mi experiencia se haya agotado y necesitemos echar mano a alguna sabiduría nueva». Su disposición a ser vulnerable me hizo confiar en ella mucho más.

En contraste, trabajé con un hombre que decía ser el gurú en su área. Cuando le hice algunas preguntas para probarlo, no pasó mucho tiempo para que descubriera que no era una persona versada en las áreas en que yo necesitaba ayuda. Pero él no me dijo nada. Mi instinto me lo dijo.

Jesús siempre habló la verdad, por eso la gente podía confiar en Él. Su disposición a pedir ayuda… a mostrar vulnerabilidad… es aun otra razón para que la gente estuviera tan dispuesta a seguirlo. Él les dijo que tenía necesidad de ellos en su vida y les concedía la fantástica emoción de sentir que alguien los necesitaba.

Recuerdo una visita que hice al Museo del Louvre, en París. Emocionada por todo lo que veía, tomé nota de cuánto nos decía el guía. Nos habló de los maestros impresionistas y que su sustento lo conseguían no pintando «obras maestras» sino pintando por encargo, especialmente retratos de personas.

Uno de los artistas más influyentes fue Jan van der Meer, de Holanda. Mientras otros artistas del mismo período pudieron hacerse famosos por alguna pintura en particular, a la suya se la llamó la era de Van der Meer. Él introdujo un espíritu empresarial que influyó en toda Europa.

Cuando se le pedía una pintura en particular, él acostumbraba dejar un pequeño detalle inconcluso, de manera que cuando su empleador procediera a darle un vistazo final a la pintura, le dijera: «¡Señor Van de Meer, ha olvidado pintar un botón en el cuello!» Van der Meer, entonces, hacía un pequeño alboroto y decía: «¡Qué cosa! ¡No puedo creer que lo haya olvidado!» Entonces pintaba el botón estando su cliente presente. El efecto era que los clientes sentían que habían hecho una importante contribución a la obra. Luego, entonces, se llevaban la pintura sin hacer otros ajustes de mayor importancia.

Aunque usted pudiera opinar que aquello era una manipulación del artista, yo lo veo como un toque maestro. El artista, en realidad, estaba pidiendo ayuda. Y la gente estaba tan complacida en dársela que al hacerlo se sentían extraordinariamente bien.

Y él quedaba también complacido en todo sentido.

No hace mucho tiempo se conoció la extraordinaria historia de una doctora en medicina que decidió hacer su residencia en la Antártida, en una pequeña estación de investigación que había allí. Durante meses nadie podía salir ni entrar en la estación debido a la inclemencia del tiempo. Ella tenía la responsabilidad médica de doscientas personas y se sentía privilegiada haciendo su trabajo. Un día, mientras tomaba su ducha, descubrió una pequeña masa en uno de sus senos. Renuente a compartir la noticia con sus colegas y ante la sospecha que podría tener cáncer, decidió someter a medición diaria aquella masa. Así, observó que iba creciendo, y rápidamente. De modo que decidió compartir la noticia con uno de los más gruñones del equipo, quien le aconsejó que se lo dijera a todos sus compañeros. Cuando lo hizo, fue emocionante a la vez que conmovedor ver la creatividad del equipo en querer ayudarla.

Las ofertas de ayuda fueron desde tratarla ahí mismo hasta catapultarla a un helicóptero que podría sobrevolar la estación. Finalmente se le practicó una biopsia, la que determinó que las células eran malignas. Usando una conexión de satélite se pusieron en contacto con otros médicos para obtener sugerencias sobre cómo tratar la enfermedad hasta que el próximo avión pudiera trasladarla a los Estados Unidos para tratamiento.

La lección más importante para esta doctora fue cómo la gente servicial puede decir presente cuando se les requiere su ayuda y se les da una oportunidad. El amor de su equipo realmente la «aerotransportó» a un lugar seguro.

Conozco a un pastor que quiso pintar una pared relativamente fea en la propiedad de su iglesia. Contrató a un muralista local para que diseñara la pintura y luego pidió a los miembros de la congregación y a sus hijos que la pintaran siguiendo los números que se habían puesto en el boceto.

Nunca voy a olvidar a un niño de seis años que vino y me dijo: «Laurie Beth, venga a ver lo que pinté». Fui con él y lleno de satisfacción me mostró una pequeña rana verde sentada en el borde de una laguna que alguien más había pintado. «Esa ranita la pinté yo», me dijo, todo orgulloso. Sus ojos brillaban de alegría mientras asumía la propiedad intelectual de esa porción de panza verde que no medía más de tres pulgadas junto a la laguna. Debido a que el pastor había sido lo suficientemente sabio como para pedir ayuda y dar el crédito a quienes correspondía, logró un mural del que toda la congregación se sentía orgullosa y dueña.

Dios fue suficientemente amplio y vulnerable para pedirle a Adán que le ayudara a ponerles nombre a los animales en el Huerto del Edén. Quizás esperaba que si los humanos se sentían de alguna manera dueños de la creación, los llevaría a involucrarse y responsabilizarse por ella. (El fin de esa relación de «dominio» todavía está por verse.)

Pero ahí estaba Dios manifestando la necesidad y el deseo de un trabajo de equipo, un esfuerzo y contribución combinados para un propósito global.

Pretender saberlo todo es molesto para con los demás, especialmente Dios.

Jesús supo pedir ayuda.

PREGUNTAS

1. ¿Cuándo y dónde ha pedido usted ayuda recientemente?
2. ¿Era para algo importante?
3. ¿Cuáles serían cinco beneficios de estar dispuesto a pedir ayuda ante los retos que está enfrentando ahora mismo?

Querido Señor:
Ayúdame a pasar por sobre mi orgullo lo suficiente como para darme cuenta que falta un pequeño detalle de mi pintura. Ayúdame a pedir ayuda de los demás para ver qué parte es, de modo que todos podamos sentirnos mejor. Amén.

Pensará dentro
de la solución

Y dijo Dios: Sea la luz; y fue la luz.
—Génesis 1.3

No hace mucho tiempo, un amigo valientemente dio un paso al frente cuando en la compañía donde trabajaba pidieron donadores de sangre. Advirtió a la chica que estaba atendiendo a los donantes que tuviera cuidado al colocarle la aguja porque tenía la tendencia a descomponerse. Aparentemente ella no lo oyó o no le creyó porque lo pinchó como si fuera una personal normal. Todo anduvo bien hasta que llegó el momento en que mi amigo quiso pararse. Cuando trató de hacerlo, sus rodillas se le doblaron y cayó al piso, golpeando su cabeza en el borde del escritorio. Empezó a sangrar de modo que fue necesario llamar al servicio de emergencias y una ambulancia lo trasladó al hospital. Cuando todo hubo pasado, la buena voluntad de mi amigo en dar sangre le costó unos $1.500 en servicio de emergencia.

Sabiendo que en mi familia también hay una historia de experiencias similares, lo pensé dos veces en dejar que me sacaran sangre. Por alguna razón, casi siempre tienen a estudiantes de enfermeras haciendo el trabajo de atender a los donantes. Yo eché una mirada a los frenillos, las pecas y a la lonchera de Mónica, y cortésmente pedí que una enfermera experimentada se hiciera cargo de mi brazo. «No te ofendas», le dije a la joven con aspecto de adolescente, «quiero a alguien que lo haga bien la primera vez».

Así es que vino Connie, una enfermera obviamente más experimentada. Se sentó y me dijo: «Apriete fuerte el puño».

Así lo hice, cerrando a la misma vez los ojos, tratando de imaginarme que estaba en una playa lejana. Pero, desafortunadamente, todo lo que sentí fue uno, dos y tres pinchazos. Por alguna razón, Connie no podía encontrar un «portal». Mi brazo se estaba transformando en un alfiletero.

Finalmente, escuché a Mónica que decía: «Mi profesor decía que teníamos que pensar dentro de la vena». Acto seguido se sentó, estudió mi brazo por unos segundos, cerró los ojos y la aguja encontró su camino.

Fue una lección dolorosa pero que no olvidé. Connie estaba pinchando la vena, pero solo cuando Mónica pensó dentro de la vena pudo encontrar la solución del problema.

Cuando Jesús miró al hombre con la mano seca, ¿estaba en realidad mirando la mano? A menudo he hecho esta pregunta en seminarios y la gente duda en contestar, pensando que es una pregunta capciosa.

La respuesta es obvia. Por supuesto que Jesús vio la mano seca o no habría sabido que allí se requería de un milagro. Pero pensó dentro de la mano y luego eso condujo a la transformación.

Estoy tratando de aplicar este consejo en algunos de los desafíos que confronto. Francamente, trato de fijarme en mi incompetencia para enfrentar algunas cosas que siento que estoy llamada a hacer. Pero ahora me pregunto si en lugar de poner atención a mis debilidades, no debería «pensar dentro de la Vid» y entender cuán naturalmente surgirá la solución si me mantengo conectado con mi Fuente.

Se dice que una bellota tiene que mover el equivalente de diez toneladas de tierra para que su primer brote vea la luz del sol. ¿Lo lograría si se detuviera a pensar en lo tremendo del esfuerzo?

Jesús dijo: «El reino de Dios está dentro de vosotros» (Lucas 17.21). Y también dijo: «Yo soy la vid, vosotros los pámpanos» (Juan 15.5). Conexión natural. Fluir fácil. ¿Por qué hacer las cosas difíciles? Jesús pensó dentro de la solución, que es donde nosotros siempre tenemos que estar.

PREGUNTAS

1. ¿Dónde en su vida está usted fijándose en el problema más que en la solución?

2. ¿Cuán a menudo se ve usted como un ser separado de Dios?

3. ¿Dónde está su ego en términos del «problema»?

4. Si usted no tuviera un ego, ¿habría entonces realmente un «problema»?

Querido Señor:
Ayúdame a entender cómo fluyen las soluciones naturales al recordarme dónde estoy y dónde se supone que esté. Amén.

MANTENDRÁ UN SENTIDO DE ASOMBRO

CANTADLE, CANTADLE SALMOS;
HABLAD DE TODAS SUS MARAVILLAS.
—SALMO 105.2

Mientras me preparo para mi día de trabajo, a menudo escucho la televisión cristiana. Me gustan los programas musicales y soy una convencida que si cantáramos más y habláramos menos, el mundo sería más celestial. Ayer escuché un cantante entonando una canción navideña que en parte decía: «Mi corazón se pierde entre los diez pequeños dedos de las manos de un bebé». ¡Qué manera sencilla y poética de describir la vulnerabilidad, la inmensidad, lo maravilloso de una relación personal con Cristo! Nosotros, que creemos que sabemos y vemos tanto damos nuestras vidas a Alguien que vio al mundo a través de los ojos de un bebé y nos guía como un niño.

Ayer, mientras andaba de compras, vi un artículo para trucos que me hizo reír. Era un juego de vasos para beber bebidas fuertes con un par de ojos pintados en el fondo. La idea me pareció divertida, como supongo que le habrá parecido a otros. En estos vasos la gente podría tomar tragos de alcohol y luego, con los ojos pintados en el fondo, creer que podrían seguir viendo las cosas con toda claridad. Hoy día en nuestra sociedad, estamos siempre expuestos a sobredosificarnos con medicamentos, medios de comunicación, noticias negativas, amenazas y miedos por el terrorismo. ¿Cuán claramente estamos de verdad viendo nuestro mundo? ¿Qué vemos cuando echamos una mirada a nuestras propias vidas? ¿Qué ve Jesús cuando nos mira?

Jesús se interesa porque ve. Y nos enseña a ver. No solo lo que está a nuestro derredor... no solo el desfile de los asuntos anotados en el calendario y la lista de cosas que tenemos que hacer... sino lo maravilloso de la creación.

Un amigo de Dallas de nombre Beau dice que está convencido que su propósito en la vida es, sencillamente, «asombrarse». El mundo está lleno de tantas cosas y hechos maravillosos, pero si no nos detenemos y reparamos en ellos, nuestras vidas transcurrirán como adormecidas.

Recuerdo haber estado con mi ahijado Jacob la primera vez que oyó un trueno. Nos encontrábamos sentados a la mesa cuando de repente hubo un retumbar tan impresionante que literalmente hizo remecer la casa. Jacob, que por ese tiempo tendría unos dos años, me miró con sus ojitos muy abiertos. Su boquita formó una O de esas que se ven en las tiras cómicas mientras su mente trataba de asimilar este nuevo fenómeno de sonido. Su asombro hizo que de nuevo nos admiráramos acerca de lo majestuoso que es nuestro Dios.

Uno de mis entretenimientos es fotografiar paisajes. Es increíble la cantidad de escenas que encuentro dignas de fotografiar apenas afuera de la puerta de mi casa. Los milagros abundan casi afuera de cada puerta. ¿Pero nos detenemos a reconocerlos, captarlos, abrazarlos, celebrarlos? ¿O sencillamente pasamos de largo, preocupados de la siguiente cosa que tenemos que hacer?

Gay Hendricks, terapeuta y escritor, usa el fenómeno de maravillarse como una herramienta terapéutica. Él dice que si vemos la vida más con un sentido de «maravilla» y menos con un sentido de «vea, juzgue o decida» la vida sería mucho más fácil para nosotros.

El escritor Thomas More dice en su libro *Care of the Soul* [Cuidado del alma] la misma cosa. Para él, el alma humana es tan compleja y eterna que sus necesidades están más allá de toda comprensión. ¿Por qué pensamos que podemos ponerle riendas, encajonarla, capturarla, doblegarla y empacarla?

En mi opinión, en la actual teología cristiana hay actualmente dos debilidades principales. Una es creer que podemos tomar cualquier situación y poner un lazo de escritura alrededor de ella y con eso tener el asunto «resuelto». La otra es creer que podemos tomar la inmensidad de Dios y poner su YO SOY en un edificio o en una caja.

Robin es un amigo muy simpático y divertido con el que asistimos a un seminario motivacional cristiano. Escuchamos a varios oradores y luego nos tomamos un descanso, seguros que sí oíamos uno más de esos discursos de tres puntos con un final feliz tan comunes en nuestro concepto de «cristianismo azucarado» íbamos a vomitar. Volvimos a escuchar a una oradora que contó una historia trágica de su vida. El final de su historia fue tan triste que salimos del seminario con la cabeza gacha. Por unos momentos nos miramos en silencio y luego ambos dijimos, al mismo tiempo, «Horrible». Mientras cenábamos, estuvimos de acuerdo que la única teología que al fin de cuentas tiene sentido, es la de la relación por sobre las reglas, y la inmensidad por sobre la inmediatez.

Jesús no negó la existencia de las lágrimas, el dolor de la muerte o la pena de la pérdida. Él enfrentó esta realidad y pasó a través de ella.

Selló cada cosa con un sentido de asombro, de certidumbre que el amor de Dios estaba en y a través de todo, que la pintura base en el lienzo terminaría brillando a través de él. Con cada exhalación enseñó que el amor de Dios es el creador y completador y acompañante en el maravilloso viaje de la vida.

Así que, su corazón… ¿dónde está? ¿Está atado y restringido con las demandas del día? ¿O está usted dispuesto a tomarlo, quitarle esa complicada confusión que tiene y ponerlo en los dedos de la diminuta mano de un bebé?

Jesús nos enseñó el sentido de lo maravilloso.

Preguntas

1. ¿Ha perdido usted la capacidad de maravillarse?
2. ¿Qué situación que pareciera querer paralizarlo actualmente podría verse en forma diferente si la mira con un sentido de admiración en lugar de con miedo?
3. ¿Qué significaría para usted poner su vida en las manos de un niño para empezar a ver su mundo a través de sus ojos?

Querido Señor:
Tú te maravillabas continuamente de la creación: los lirios del campo, el rocío en el pasto, los campos listos para la siega. Ayúdame a ver hoy el mundo a través de los ojos de un niño, con un sentido de gozo y asombrosa participación en y agradecimiento de, este mundo increíble, esta vida increíble. Amén.

SE QUITARÁ EL
CHIP DEL HOMBRO

NO ANDES POR AHÍ CON UN
CHIP EN EL HOMBRO.
—PROVERBIOS 3.30 *(El mensaje)*

El fenómeno de la violencia en las carreteras, tan común en nuestra cultura hoy día, probablemente tenga menos que ver con el enmarañamiento del tráfico y más con los chips o resentimientos que acostumbramos llevar en el hombro. Aunque no puedo encontrar en el diccionario una definición para *chip en el hombro* lo he visto demasiado a menudo y probablemente usted también. Lo defino como «una hostilidad irracional contenida que puede manifestarse inesperadamente en los momentos menos pensados». Esta necesidad que tenemos de sentirnos superiores a otros o separados de ellos conduce a ciertas enfermedades sociales como aislamiento, guerras, sexismo, racismo, discriminación y simplemente estupidez. (Por cierto, algunos filósofos dicen que el racismo no es más que clasismo disfrazado.)

Para tener una vida abundante, es necesario tener una visión clara y una completa libertad de movimiento tanto emocional como espiritual, física y mentalmente. Jesús siempre trató de quitar los chips de los hombros de sus discípulos y de aquellos a quienes enseñó.

«¿Cree usted que es mejor que los samaritanos? ¡Olvídelo!»

«¿Cree usted que la moneda de la viuda es menor que sus muchos dólares? ¡Olvídelo!»

«¿Cree usted que una persona que gasta dinero en perfume tiene menos valor que una que afirma dar ese dinero a los pobres? ¡Olvídelo!» (Esta mujer conocía la diferencia entre el darlo todo y la pobreza.)

«¿Cree usted que puede ir al cielo con su corazón lleno de juicio y enojo? ¡Olvídelo!» Dios ni siquiera querrá verlo en el templo mientras no trate con el chip que lleva en su hombro.

Jesús quiere que hagamos una rigurosa inspección de todo nuestro cuerpo para poder ser libres. Si usted no ha experimentado la nueva tecnología de una inspección del cuerpo total, se la recomiendo. El año pasado, para mi examen de salud anual, decidí someterme a ese examen y echar una mirada a mis entrañas. A todas. Fue una experiencia impresionante tener a un experto conmigo y poder ver la historia fotográfica de mi interior.

—Hmmm —dijo el experto mientras examinaba la primera foto. —¿Ha tenido usted alguna vez mononucleosis?

—Sí. La tuve. ¿Cómo lo supo?

—Hay una especie de cicatriz en esta linfa. ¿La ve?

—Pero eso ocurrió cuando era una adolescente —exclamé.

—El cuerpo lo recuerda todo —me dijo el experto, mientras pasábamos foto por foto hasta llegar a mi coxis, la cual parecía estar bien, muchas gracias.

Mi madre fue a ver al doctor debido a una tos persistente y el examen reveló que tenía cicatrices en el corazón debido a un ataque que había sufrido dos o tres años atrás, ataque del que no se dio ni cuenta. «El corazón lo recuerda todo», dijo el doctor en un tono si no clínico, por lo menos filosófico.

Si me permite dar un salto desde lo médico a lo filosófico, los chips en los hombros tienen su origen en cicatrices, como heridas o daños que experimentamos y no resolvemos. Las heridas se endurecen y pueden gravitar en muchas direcciones. Pueden radicarse en nuestros ojos y enceguecernos de rabia. Pueden radicarse en nuestros corazones y endurecerlos. Pueden radicarse en nuestros cuellos y ponerlos rígidos. Y para los propósitos de este capítulo en particular, pueden radicarse en nuestros hombros en forma de actitudes pequeñas e invisibles que nos impiden ser y ver la situación total.

Habiéndome criado en un pueblo que es ochenta y siete por ciento hispano, he disfrutado saturándome de la cultura hispana. Un día, mi madre y yo estábamos charlando con una amiga que creo que nació en México. Había una noticia que decía que algunos hispanos se sentían ofendidos porque se estaba usando un perrito chihuahua para promover una cadena de comida mexicana. Aparentemente, algunas personas consideraron que el anuncio era degradante para su cultura. Mientras mamá y yo exponíamos los pro y los contra sobre el asunto, le preguntamos su opinión a nuestra amiga. Para nuestra sorpresa, nos respondió con un chiste doble, cambiando la palabra chip por sheep [oveja]: «Yo creo que Jesús es el único de nosotros que debería tener una oveja en su hombro». Las tres nos reímos de su graciosa salida.

Sin duda, Jesús es el único de nosotros que debería tener una «*sheep*» en su hombro, aunque muchos de nosotros lo tenemos (el chip).

Jesús puede quitar —y con gusto lo hará si usted lo deja— el chip de su hombro.

PREGUNTAS

1. ¿En qué área tiene usted un chip en su hombro? Como una pista para descubrir dónde está, ¿qué es lo que de repente lo hace enfurecer?

2. ¿Qué grupo o grupos de personas lo han herido en el pasado? ¿Hasta qué punto aquello impidió que usted viera claramente a otros que se veían como ellos?

3. ¿Está dispuesto a someterse a un examen completo de su cuerpo con Jesús? Si lo está, ¿cuándo lo haría?

Querido Señor:
Ahora mismo, examina mi corazón. Ayúdame a descubrir viejas cicatrices del pasado y dame un nuevo corazón y nuevos ojos para ver a cada persona y a cada situación con una perspectiva fresca de esperanza, optimismo y la claridad de tu gran amor. Amén.

NO DARÁ LUGAR A PENSAMIENTOS NEGATIVOS

BIENAVENTURADO EL VARÓN QUE NO ANDUVO
EN CONSEJO DE MALOS, NI ESTUVO EN CAMINO
DE PECADORES, NI EN SILLA DE ESCARNECE-
DORES SE HA SENTADO; SINO QUE EN LA LEY
DE JEHOVÁ ESTÁ SU DELICIA, Y EN SU LEY
MEDITA DE DÍA Y DE NOCHE.
—SALMO 1.1-2

Muchos podríamos pensar que la tendencia al «pensamiento positivo» comenzó con motivadores como Dale Carnegie y Zig Ziglar. Pero basta con leer los evangelios para darse cuenta que Jesús enfatizó y vivió según la ley del pensamiento positivo. Siempre enseñó la importancia de disciplinar la mente humana e insistió constantemente en la necesidad de revisar, examinar y controlar los pensamientos para llegar a vivir abundantemente. «Creed que lo recibiréis, y os vendrá» es un pensamiento sobre el que insistió vez tras vez (Marcos 11.24).

Se dice que nosotros generamos sesenta mil pensamientos durante el día, la mayoría de ellos ocasionales, muchos negativos y gran parte de ellos similares a los pensamientos que tuvimos el día anterior. Básicamente, nuestro cerebro trabaja con conversaciones unilaterales repetitivas.

Los científicos han descubierto que en realidad, el cerebro tiene surcos que se hacen por tanto pensar en una cosa. Por eso es que un pensamiento se transforma en acción, una acción en hábito y un hábito en un patrón de conducta que es casi automático. Es algo así como una gota de agua que baja por el vidrio de una ventana hasta que se junta con otra gota de peso similar, entonces las dos se unen a un puñado de otras gotitas formando un pequeño riachuelo que termina siendo una corriente de agua. Notará —si observa los riachuelos— que la gota de agua sola se mueve con mayor lentitud que la corriente de agua. Los pensamientos, como las gotas de agua, buscan la vía de menor resistencia.

Los pensamientos no se autoeditan, sino que «van con la corriente» como si fueran y de verdad lo son atraídos a pensamientos parecidos a ellos. De esta manera, pensamientos negativos atraen a otros pensamientos negativos.

Esta lección sobre los pensamientos es fundamental porque solo cuando logramos entender la importancia de la forma en que trabaja la mente podemos empezar a cambiar nuestra conducta.

Jesús no estuvo ajeno a los pensamientos negativos. En el relato de los evangelios sobre su experiencia en el desierto, leemos que el diablo lo tentó, diciéndole: «Si eres realmente tan poderoso como dices ser, ¿por qué no te lanzas al vacío desde lo alto del templo?»

Dado que Jesús estaba obviamente hambriento, sediento y débil por su ayuno de cuarenta días, no nos hubiera extrañado que por su mente hubiesen empezado a correr pensamientos negativos. Nótese, sin embargo, que inmediatamente reprendió a cada uno de esos pensamientos usando ideas de la Escritura positivas y prememorizadas con las cuales combatió aquella negatividad. «No tentarás al Señor tu Dios».

Cuando en una ocasión posterior Pedro sugirió a Jesús que no fuera a Jerusalén (y encontrarse con su destino) sino que buscara una vía más fácil, Jesús inmediatamente reprendió ese pensamiento, reconociendo que la negatividad viene de una sola fuente, y esa no es Dios.

Y comenzó a enseñarles que le era necesario al Hijo del Hombre padecer mucho, y ser desechado por los ancianos, por los principales sacerdotes y por los escribas, y ser muerto, y resucitar después de tres días. Esto les decía claramente. Entonces Pedro le tomó aparte y comenzó a reconvenirle. Pero él, volviéndose y mirando a los discípulos, reprendió a Pedro, diciendo: ¡Quítate de delante de mí, Satanás! porque no pones la mira en las cosas de Dios, sino en las de los hombres (Marco 8.31-33).

Se dice que la meditación es una de las habilidades más difíciles de aprender, principalmente debido a que tenemos la tendencia a hablar «hasta por los codos». Los pensamientos parecen surgir y atacar de cualquiera parte. Mientras más tratamos de silenciarlos, más rebeldes se ponen. El versículo: «Estad quietos, y conoced que yo soy Dios» (Salmo 46.10) contiene más poder del que nos podemos imaginar, pero pocos de nosotros nos aquietamos.

Me asombran algunos pensamientos que aparecen en mi mente, a menudo cuando menos los espero o cuando estoy pensando en otra cosa. Para cuando me ocurre un pensamiento negativo o basado en el temor he desarrollado el hábito de echarlo de mí con una sola palabra. Para mí, esa palabra es *Amado*. *Amado* es una forma de reinsertar en mi mente la seguridad que tengo de que «Yo soy de mi Amado, y Él es mío». Repito la palabra varias veces para reconectarme con Dios y asegurarme que aun cuando los pensamientos vengan, no tengo que añadir ningún peso extra a ellos.

Una vez tuve un sueño en el que me veía cruzando un río lleno de serpientes flotando a mi alrededor. Llegué al otro lado sin caer en el pánico y sin que me atacara ninguna de ellas. Los pensamientos negativos son como las serpientes. Si los deja flotar sin hacerles caso, no pasará nada. Pero si trata de cogerlos o luchar con ellos, estará en serio peligro de que le causen daño.

Luchar contra los pensamientos negativos no es una negación. Algunos pensamientos están basados en la realidad, particularmente cuando tienen que ver con la seguridad física o el sentido común. Pero mucho de lo que pensamos y procesamos es distracción ocasional que activa bases primitivas de miedo que terminan paralizándonos e impidiendo que podamos llegar a ser todo lo que podríamos ser.

Una monja encantadora, la hermana Mary Margaret Funk, a quien conocí en Indiana, me contó que los santos del desierto agrupaban los «pensamientos de aflicción» en las siguientes categorías:

Pensamientos sobre el cuerpo: comida, sexo y cosas.

Pensamientos sobre la mente: ira, rechazo y depresión.

Pensamientos sobre el alma: fatiga espiritual, vanagloria y orgullo.

Ellos creían que las tres mejores maneras de vencer los pensamientos negativos eran mediante el combate directo, pensamientos reemplazantes o repetición de rezos, como el rosario.

Jesús enfrentó los pensamientos negativos con la Escritura, la oración y a través de rendirse a Dios. También demostró la sabiduría y los beneficios de contar con un grupo de apoyo y una comunidad de amigos.

Si usted está siendo atacado por pensamientos negativos, piense en la forma en que lo que hemos dicho más arriba le puede beneficiar para que los pensamientos negativos no prevalezcan contra usted.

Jesús no dio lugar a los pensamientos negativos.

PREGUNTAS

1. ¿Cuántos pensamientos negativos tiene usted por día? ¿y por hora?

2. ¿Cuánto tiempo convive con ellos?

3. ¿Cómo cree que podría liberarse de esta clase de pensamientos?

4. ¿Qué pasajes de la Escritura podrían ayudarle a combatir los pensamientos negativos?

Querido Señor:
Ayúdame a ser un guardián celoso de mis pensamientos. No dejes que los acoja para que no se transformen en una nube negra que me priven del gozo y el sol de tu realidad. Amén.

REALIZACIÓN

Hay una diferencia sutil pero importante entre triunfar y realizarse.

Cuando Jesús llamó a los pescadores: «Síganme y yo los haré pescadores de hombres», estaba redefiniendo para ellos el concepto de éxito. La vida bajo su liderazgo no tendría que ver con aumentar una pesca terrenal (aunque ciertamente también ocurrió tal cosa). La meta de Jesús para usted es que viva una vida plena. Él pondrá en usted tanto amor como jamás pensó que podría manejar, tanta fe como jamás pensó que sería posible y tanta emoción como ninguna vuelta en la montaña rusa pudo haberle proporcionado.

La gente paga para que la asusten en el cine o deliberadamente toman estimulantes para aumentar la adrenalina en su cuerpo. Con Jesús como su entrenador usted no necesitará drogas para elevarse. Ni necesitará ir al cine para asustarse. Este amoroso instructor sacará a la luz sus más grandes temores y le ayudará a que los transforme en escalones de avance. Hará que enfrente los asuntos indeseables de modo que no solo pueda ver la luz sino que usted mismo sea luz.

Ya no va a tener necesidad de preguntarse si su copa está medio llena o medio vacía. Estará llena hasta rebosar con gozo y contentamiento y con «la paz que sobrepasa todo entendimiento».

Recuerdo cuando sentí que tenía que irme al desierto para escribir el libro *Jesus, CEO*. Muchos me decían que no lo escribiera, pero era un libro que no podía dejar de escribir. Pasé muchos días con la vista fija en el océano desde mi casa en San Diego. Pasé muchas noches sin dormir, pensando en cómo mi vida podría cambiar si daba el paso que aparecía ante mí. El período de toma de decisión fue inmensamente embarazoso.

No fue ni suave, ni fácil ni menos agradable. Pero nunca voy a olvidar cómo me sentí cuando finalmente me acomodé en mi pequeño remolque en el desierto, preparé mi computadora y empecé a escribir. Solo puedo describirlo así. Sentí como si estuviera cuidando a mi primer bebé. La alegría y el gozo... el sentimiento de conexión y propósito... nunca había sido tan rico, tan profundo, tan real. Finalmente supe lo que era sentirse realizada.

Cuando me liberé ante la vida a la que había sido llamada, aquellos momentos de realización pasaron a ser días, semanas, meses, años. Como he logrado tener clara mi visión de misión y he tratado de vivir diariamente en conexión y alineada con ella, la realización es mi compañera constante. Al fin puedo entender a cabalidad lo que dice el salmista David: «Ciertamente el bien y la misericordia me seguirán todos los días de mi vida, y en la casa de Jehová moraré por largos días» (Salmo 23.6).

La realización tiene muchas facetas. En la sección siguiente, exploraremos algunas de ellas.

Tendrá nuevas historias

ABRIRÉ EN PARÁBOLAS MI BOCA.
—MATEO 13.35

Una organización en Nueva York me contrató para que la ayudara junto con sus empleados a salir adelante con una nueva iniciativa después de una serie de despidos. Dado que los que tomaron la decisión tenían una cantidad de compañías a las que podían haber acudido, pregunté al ejecutivo que me había contratado: «¿Por qué yo?» Y me contestó: «Porque usted tiene fama de saber contar historias y necesitamos que nos cuente una nueva acerca de quiénes somos».

Nunca oí algo más elocuente, más profundo, más interpelativo. Este ejecutivo sabía que vivimos según nuestras historias y que si la que estamos viviendo no es una gran historia, podemos cambiarla para que lo sea.

Jesús lo hizo con la mujer en el pozo. Ella vino durante la hora más caliente del día debido a que era una paria social. Estaba catalogada como una «mujer caída» por lo que iba básicamente a lugares donde no la vieran o no la vituperaran. Ella sabía cómo la consideraban los demás en el pueblo. Pero Jesús la vio y vio cómo su vieja historia revoloteaba sobre ella. Cuando le dijo: «¿Dónde está tu marido?» le estaba haciendo saber que estaba al tanto de que no tenía marido. (La historia vieja.) Luego le habló de su sed, que estaba más allá de cualquier necesidad de bebida o de hombre y que emanaba de su propia alma: «Si hubieras sabido quién es el que te está hablando, le habrías pedido para beber del Agua Viva y sabrías que nunca volverías a tener sed». (La historia nueva.) La mujer pasó de saberse una proscrita a alguien que corrió en medio del día y trajo con ella a todo el pueblo para que viera a Jesús.

Quizás ninguna entidad ha sido tan efectiva en cambiar vidas como Alcohólicos Anónimos (AA). Las personas vienen a las reuniones de AA cuando están sumidos en la desesperación. Entran con sus viejas historias. Con el primer paso, están aceptando que son impotentes y que han llegado a creer que un Poder Superior puede ayudarles a liberarse de sus adicciones. Entran sintiéndose solos (vieja historia) y salen con un nuevo Poder Superior a su lado (nueva historia).

Prácticamente, toda la terapia consiste en ayudar a las personas a asociar los nuevos propósitos con las viejas historias. Trátese del método de la Psicología de Gestalt o de un sentimiento racional o freudiano muchos, si no la mayoría de los tipos de terapia, involucran a alguien que escucha una vieja historia y ayuda al cliente a encontrar nuevos significados en ella. Solo cuando la persona ha pasado de creer la vieja historia (Yo soy una víctima) a creer una nueva historia (esto solo me está ayudando a ser una persona mucho más fuerte), tiene lugar una mejoría real.

Nuestras culturas y nuestras familias nos cuentan historias sobre nosotros. Allison, una amiga, me dijo que había vuelto al pueblo donde nació y fue recibida por su hermana menor, a quien cuidó cuando la pequeña tenía entre tres y cinco años. Allison llegó a ser campeona de tenis del estado cuando estaba en la secundaria y estableció una serie de marcas deportivas para caer luego en el uso de drogas y entrar en conflicto con la justicia antes de entregar su vida a Cristo. Su hermana menor la llevó aparte y le dijo: «Yo decidí que sería como tú. También fui campeona de tenis del estado, y todos los récords que tú estableciste los igualé o los superé. Creo que estaba en mis genes». Pero Allison quedó estupefacta cuando supo que su hermana también había caído en el uso de drogas y había tenido conflictos con la ley, «tal como tú» le había dicho su hermana menor. Allison le contó una nueva historia sobre su nueva vida en Cristo. Cuando compartía conmigo esta experiencia, Allison se veía impresionadísima: su hermana literalmente había andado en sus huellas, creyendo que su historia era la de Allison, y viceversa.

Este es también un ejemplo de una profecía autoobtenida y luego autocumplida. La joven creyó «la historia de Allison» y la vivió ella misma, creyendo que genéticamente había «nacido» para hacerlo.

En su libro How Customers Think [Cómo piensan los clientes] Gerald Zaltman escribe que las palabras tienda e historia (store y story, en inglés) son muy similares por una razón. La mente recuerda las emociones relacionadas con cada una, y al incorporar historias en torno a hechos o percepciones, la memoria se enriquece. De hecho, los especialistas de la memoria enseñan a la gente que contar una historia en torno a los nombres de las personas ayuda a recordarlos. Es una técnica muy antigua para vincular historias a la memoria. ¿Nos hemos dado cuenta que las historias que contamos acerca de nosotros a menudo tienden a hacerse reales?

La verdad es que usted y yo estamos interpretando diariamente las historias que creemos sobre nosotros mismos. ¿Cuáles historias son esas?

PREGUNTAS

1. Basado en los resultados de su vida actualmente, ¿qué historia sobre usted mismo ha estado viviendo?

2. ¿Cree usted que podría lograr —y vivir— una nueva historia?

Querido Señor:
Creo que quiero oír una nueva historia al momento de acostarme esta noche. Cuéntame la historia sobre mí, por qué me creaste y dónde quisieras verme ir. Estoy impaciente por oírlo. Amén.

MEJORARÁ
SU AUTOESTIMA

HARÉ QUE SEAS UNA GLORIA ETERNA,
EL GOZO DE TODOS LOS SIGLOS.
—ISAÍAS 60.15

Uno de los gozos y desafíos de tener a Jesús como su entrenador personal es el trabajo que Él hará en y con su autoestima.

En el asunto de la autoestima para los cristianos, pareciera haber dos escuelas de pensamiento: los que creen que no valen nada porque nacieron en pecado y los que creen que lo valen todo porque nacieron en bendición. Me he encontrado con representantes de ambas escuelas, pero más con los últimos.

Algunas personas se van a los extremos cuando se trata de autoestima o falta de ella. Me hace recordar a aquel predicador que un domingo predicó un tremendo sermón. Mientras la gente salía, muchos lo felicitaban por tan hermosas palabras. Cuando una niña de diez años le dijo: «He disfrutado su sermón, reverendo», él se inclinó y le dijo: «No fui yo, querida, fue Dios». Ella se quedó pensativa un segundo, y luego dijo: «¡En realidad, no fue tan bueno!»

Ayer, precisamente, hablé con un hombre que me dijo que el Espíritu Santo le había dado una idea y le había dicho que no buscara reconocimiento por ella. Pero cuatro veces durante la conversación mencionó las palabras «no busques reconocimiento por ella» que el Espíritu Santo le había dicho. Por supuesto, me hizo suponer que en realidad lo que estaba buscando —aunque en una forma un poco sutil— era reconocimiento. En las palabras de la niña, era bueno, pero no tanto.

En mis seminarios sobre *Jesus, CEO*, reto a las personas a encontrar cualquier cosa negativa que Jesús hubiera dicho de sí mismo. Nadie hasta ahora ha podido encontrar una sola palabra. Él fue capaz de separar la conducta de la persona, de la esencia de la persona, que fue la razón por la que se sintió tan libre de amar a los «pecadores». A sus amigos les dijo que los consideraba hermanos y hermanas, no seres inferiores. Les dijo que podrían hacer cosas más grandes que las que Él estaba haciendo. Les dijo que tenían la fe dentro de ellos para lograr *lo que fuera* si creyendo se lo pedían.

En mis seminarios también le pido a la gente que recuerden y escriban una profecía positiva que hayan recibido. Invariablemente, cerca de treinta por ciento de la audiencia dirá que nadie les ha dado una profecía positiva. Eso me hace preguntarme si han leído los evangelios últimamente y, si los han leído, si dejaron que las palabras de Jesús llegaran a sus corazones. Él dijo: «El que en mí cree, las obras que yo hago, él las hará también; y aun mayores hará», y «Si algo pidiéreis en mi nombre, lo haré» [porque los amo y los valoro] (Juan 14.12, 14).

Jesús cree que usted y Él pueden hacer cualquier cosa juntos. Su fe, *combinada con su poder y su fe en sí mismo*, pueden realmente mover montañas y liberar maravillosas fuerzas de bendición sobre esta tierra.

Una razón para que el trabajo del instructor resulte tan provechoso es por la sencilla dinámica de hacer que la otra persona crea en usted y por esa fe en usted esté dispuesto a caminar juntos.

- Jesús lo ve a usted como totalmente amado y hermoso.
- Jesús quiere que usted se vea como Él lo ve.
- Jesús creerá en usted aunque usted no lo crea.

PREGUNTAS

1. ¿Quién cree usted que es?
2. ¿Quién cree que Jesús piensa que es usted?
3. ¿Qué ha atraído a su vida, a través de sus creencias positivas y negativas, sobre usted mismo?

Querido Señor:
Ayúdame a verme como me ves tú. Ayúdame a sentirme amado como realmente lo soy. Amén.

SERÁ UNA VOZ,
NO UN ECO

HAZME OÍR TU VOZ.
–CANTAR DE LOS CANTARES 2.14

Al tomar una curva para entrar a la autopista, vi un gran afiche que alguien había puesto en el frente de su patio. Decía: «Vote por Susan. Ella será una voz. No un eco». Me gustó eso.

Jesús fue un hombre cuya vida cambió la historia no solo porque era el Hijo de Dios, sino también porque fue una voz única, no un eco. No se limitó a perpetuar la forma en que se hacían las cosas.

Dijo: «Háganlo diferente». No solo les recordó a los demás lo que se dijo en el pasado, sino que afirmó: «He aquí, les muestro una nueva manera de hacer las cosas... cosas que nunca antes se habían hecho».

Muchos de nosotros hemos perdido la voz. Nos hemos rendido ante la televisión y la radio y esa interminable fila de cabezas hablantes encajonadas en porciones de la pantalla de televisión que nos dicen cómo debemos pensar. Pequeñas líneas que corren al pie de la pantalla nos están diciendo perpetuamente cómo está el mundo a nuestro derredor. Me da la impresión que por cada persona que habla, hay treinta empujando micrófonos en el rostro de la persona mientras le piden: Díganos algo que todavía no sabemos.

En un cuaderno que mi amiga Catherine me prestó sobre equipos capacitadores hay una tira cómica en la que se ve a un grupo de personas marchando por un camino. Justo sobre sus hombros en la esquina superior derecha hay una persona vestida como las demás, pero vuelta en otra dirección. Está haciendo señas para que los demás puedan ver este nuevo camino que ha encontrado. Pero la multitud sigue marchando por el mismo viejo camino. La implicación es que con solo mover la mano no se consigue nada. Hay que usar también la voz.

Mi amigo Doug Hawthorne es jefe ejecutivo de *Texas Health Resources (THR)*, un sistema de cuidado de la salud de un billón de dólares que fue creado a través de la fusión estratégica de trece hospitales religiosos en el área de Dallas, Fort Worth. Doug ha sido para mí como una especie de mentor aun cuando oficialmente lo asesoro a él y a la organización en asuntos relacionados con la espiritualidad.

Cuando se creó el *THR*, el sistema tenía un déficit de veinte millones. En dos años, Doug y su equipo de quince mil empleados transformaron aquellos veinte millones en negativo, en positivo. Al año siguiente, el flujo de caja positivo fue de treinta y seis millones y el año pasado alcanzó la asombrosa cifra de noventa y tres millones, todo mientras se daba cuidado a indigentes y se trabajaba con el mismo juego de variables con los cuales tienen que bregar otros hospitales.

Doug cree y enseña que todo gira en torno a los conceptos de misión y relación. Mientras algunos hospitales sin fines de lucro dicen: «Sin ganancia no hay misión», la fórmula de Doug es: «Sin misión no hay ganancia». En otras palabras, si usted está viviendo su misión, tendrá ganancia. Otros dicen: «Si no puede obtener ganancias, no puede pensar en misión». Doug puso la carreta en la posición correcta.

Con su personal se comunica a través de una variedad de formas. Una de mis favoritas es la línea de urgencia «Hola Doug» a la cual cualquier empleado puede llamar en cualquier momento. Le pregunté si la gente realmente hacía uso de ella, y me dijo: «Sí. La usan, pero no tan a menudo como se podría pensar. Saber que su llamada será oída por todos les ayuda a relajarse y concentrarse mejor en sus propias tareas. Es maravilloso».

Y precisamente me encontraba en su oficina cuando alguien llamó preguntando si podría recomendar un buen podiatra para la madre del que llamaba. Doug sonrió y le pidió a Tina, su asistente, que se fijara en los nombres en el área cercana a la del empleado. Se podría pensar que un jefe ejecutivo de una empresa de un billón de dólares tendría cosas más importantes que hacer con su tiempo que responder llamadas ocasionales. Pero Doug ha levantado el éxito de la empresa sobre la base de escuchar y atender la voz de cada persona.

En su oficina tiene un cuadro que es una obra de arte hecha a pedido. Muestra un grupo de automóviles avanzando por un camino entre montañas. Una señal indica el camino al éxito. A lo largo de la vía hay otras marcas tales como: «Valorice el tiempo de los demás» y «Comuníquese constantemente». Otras señales apuntan al statu quo. Desde el punto de vista del que observa el cuadro es obvio que adelante hay muchos peligros: rocas que caen y conductores irresponsables. El mensaje de la pintura es obvio. Mientras se está en la carretera y se valoriza el tiempo de las personas y hay comunicación es posible evitar los peligros. Lo que aquello me dice a mí es que Doug es un líder que decidió ser una voz para hacer las cosas de una manera diferente en lugar de un eco del *statu quo*.

Me estimuló saber que una señora que asistió a uno de nuestros seminarios de entrenamiento *Path* había sido secretaria de prensa de un gobernador. Dijo que un día se dio cuenta que le pagaban para ser algo más que una voz para el público. Ahora se está preparando para ser su propia voz, en la esperanza de que algún día ella misma postulará al cargo de gobernador.

Encontrar su voz puede tomarle toda la vida o solo un momento. Pero una vez que la tenga, úsela.

En uno de los más emocionantes pasajes del Cantar de los Cantares, el amante dice a la otra persona: «¡Déjame oír tu voz!»

(Cantares 2.14). Tu voz. Él no estaba interesado en oír una voz más.
Él quería oír la suya.

PREGUNTAS

1. ¿Dónde es usted un eco?

2. ¿Dónde es usted una voz?

3. ¿Cuál es el peligro de meramente repetir información que otros le proporcionan?

4. ¿Cómo fue Jesús una voz única que cambió el curso de la historia?

5. ¿Cómo lo será usted?

Querido Señor:
Ayúdame a encontrar mi voz y usarla para tu gloria. Amén.

APRENDERÁ DE SU CONEXIÓN DIVINA

¿A DÓNDE HUIRÉ DE TU PRESENCIA?
—SALMOS 139.7

Mi misión es reconocer, promover e inspirar la *conexión* divina en mí y en los demás. Mientras más he contemplado y me he esforzado para vivir esta misión, más contradictoria llega a ser porque conexión implica «separación».

Y mientras más crezco en el Señor, menos separado me siento de Él. Jesús dijo: «Separados de mí, nada podéis hacer». Él estaba hablando de la necesidad y la sencillez de la conexión divina.

Escuche lo que dice el rey David en el salmo 139:

Oh Jehová, tú me has
examinado y conocido.
Tú has conocido mi sentarme y mi levantarme;
Has entendido desde lejos mis pensamientos.
Has escudriñado mi andar y mi reposo,
Y todos mis caminos te son conocidos.
Pues aún no está la palabra en mi lengua,
Y he aquí, oh Jehová, tú la sabes toda.

Detrás y delante me rodeaste,
Y sobre mí pusiste tu mano.
Tal conocimiento es demasiado
    maravilloso para mí;
Alto es, no lo puedo comprender.

¿A dónde me iré de tu Espíritu?
¿Y a dónde huiré de tu presencia?
Si subiere a los cielos, allí estás tú;
Y si en el Seol hiciere mi estrado,
    he aquí, allí tú estás.
Si tomare las alas del alba,
Y habitare en el extremo del mar,
Aun allí me guiará tu mano,
Y me asirá tu diestra.
Si dijere: Ciertamente las tinieblas me encubrirán;
Aun la noche resplandecerá alrededor de mí.
Aun las tinieblas no encubren de ti,
Y la noche resplandece como el día;
Lo mismo te son las tinieblas que la luz.
Porque tú formaste mis entrañas;
Tú me hiciste en el vientre de mi madre.
Te alabaré; porque formidables,
    maravillosas son tus obras;
Estoy maravillado,
Y mi alma lo sabe muy bien.
No fue encubierto de ti mi cuerpo,
Bien que en oculto fui formado,
Y entretejido en lo más profundo de la tierra.
Mi embrión vieron tus ojos,
Y en tu libro estaban escritas todas aquellas cosas
Que fueron luego formadas,
Sin faltar una de ellas.
¡Cuán preciosos me son, oh Dios,
    tus pensamientos!

¡Cuán grande es la suma de ellos!
Si los enumero, se multiplican más que la arena;
Despierto, y aún estoy contigo...

Examíname, oh Dios, y conoce mi corazón;
Pruébame y conoce mis pensamientos;
Y ve si hay en mí camino de perversidad,
Y guíame en el camino eterno (vv. 1-18, 23-24).

Dios es omnipotente y omnipresente. Nosotros somos los únicos cuyas formas son temporales y cambiantes.

Un amigo mío que es judío mesiánico asistió a una reunión de cábala en Nueva York. Me contó que los hombres en el cuarto estaban de pie y cantando, con los brazos en el aire: «¡Dios, danos inmortalidad! ¡Dios, danos inmortalidad!»

Mi amigo dice que él se limitó a sentarse en medio de ellos y a observar con una expresión entretenida. Cuando finalmente el canto terminó, varios de los hombres vinieron hasta donde estaba él y quisieron saber por qué no se había unido al canto. Él les dijo: «Porque nosotros ya somos inmortales. La inmortalidad nos la dio Jesús y aun ahora sigue siendo verdad».

¿Qué se entiende por ser inmortal? ¿Vivir más allá de nuestra carne?

No hace mucho tiempo me abordó un grupo que está estirando mi imaginación hasta donde es posible. Este grupo está concibiendo una aldea de niños la que va a contener pabellones que exhiban «entretenimientos» espirituales. Me han invitado a participar diseñando un pabellón específicamente en torno a mis enseñanzas acerca de Jesús. Un representante del grupo me dijo: «El pabellón va a tener una imagen holográfica suya, invitando a la gente a unirse a usted en la jornada de descubrir a Jesús».

Que este pabellón va a llegar a ser una realidad todavía está por verse, pero un cuadro mío como una imagen holográfica no dejó de intrigarme. A mi mente vinieron las naves espaciales de la serie de televisión *Star Trek*, donde las personas son transportadas mediante la proyección de rayos de partículas de luz. Y eso fue una revelación para mí: usted y yo somos imágenes holográficas, un ensamblaje único de partículas llenas de luz enviados a entregar un mensaje y una expresión de Dios.

Jesús nos llama a ser la luz del mundo.

¿Cómo estamos usando este tiempo en el planeta? ¿Para hacer el bien, el mal o simplemente estamos acumulando polvo?

Conexión divina. Yo no sé en cuanto a usted, pero en cuanto a mí, quiero vivir esta vida e irme de ella proyectando luz y amor.

PREGUNTAS

1. ¿Qué espera alcanzar en este planeta antes de ser trasladado a su hogar celestial?

2. ¿Dónde le parece que se encuentra separado de Dios?

Querido Señor:
Gracias por mi ser y mi calidad de ser viviente. Ayúdame a usar sabiamente este don y el tiempo para que todos puedan ver en mí tu Luz y tú puedas ser glorificado. Amén.

Estará en un estado futuro

ES, PUES, LA FE LA CERTEZA DE LO QUE SE
ESPERA, LA CONVICCIÓN DE LO QUE NO SE VE.
—HEBREOS 11.1

Uno de los principios que más cambiará su vida es el de la visión, o el estar en un estado futuro como si ya fuera una realidad. Jesús dijo: «Por tanto, os digo que todo lo que pidiereis orando, creed que lo recibiréis, y os vendrá» (Marcos 11.24).

Jesús vino a demostrar y a enseñar transformación. Y el poder transformador del universo es la fe.

Cuando haga de Jesús su instructor, se le pedirá que vea lo que aun no es visible, que pase por un puente que no se ve que está allí, que describa el sabor de la miel cuando está tragando lágrimas.

Tuve el privilegio de visitar el santuario de Lourdes, en Francia. La tradición dice que una joven vio allí a la virgen María, que le pidió que cavara en la inmundicia. La niña cavó y cavó mientras la gente del pueblo se reía de ella, porque estaba cavando en una porqueriza. Día tras día, la joven volvía para seguir cavando. De pronto, sus dedos palparon humedad en el suelo. La suciedad se volvió barro, el barro se volvió agua, y el agua se transformó en un manantial —un manantial del que brotaba agua que sanaba— un manantial llamado Lourdes. Aquella jovencita creyó en la existencia del manantial aunque cuando se le dijo que cavara, no había evidencia de que tal cosa existiera.

Un jovencito tuvo un sueño. Vio a sus hermanos que se inclinaban ante él y había gavillas de trigo por todas partes. Cuando despertó estaba tan impresionado que compartió el sueño con sus hermanos. «¿Que nos inclinaremos ante ti?» le dijeron antes de lanzarlo adentro de un pozo seco. Luego lo vendieron como esclavo y lo llevaron a una tierra extraña. Pasaron muchos años hasta que un día llegó a ser gobernador de Egipto y quien tenía el control de todo el trigo del país. Sus hermanos llegaron buscando trigo sin imaginarse que el hombre ante quien tuvieron que presentarse y ante quien se inclinaron era su hermano. José recibió una visión que se hizo realidad en el tiempo perfecto de Dios.

Quizás usted también ha recibido una visión, algo acerca de lo cual ha perdido la esperanza que llegue a ser una realidad. Sean cuales fueren las circunstancias, Dios ve claramente al verdadero usted: al usted sanado, al usted poderoso, al usted próspero, a la persona que siempre soñó con llegar a ser, a la persona que realmente es, prosperando en esa vida abundante.

Su trabajo ahora es creerlo.

PREGUNTAS

1. ¿Ha recibido algún sueño o alguna visión?

2. ¿Qué diría si ya es o llega a ser una realidad a los ojos de Dios?

3. ¿Por qué la fe tendría que ser un ingrediente de esa visión?

4. ¿Qué está haciendo para alimentar su fe o, quizás más importante que eso, dónde está cavando y por qué?

Querido Señor:
Ayúdame a meter mis manos en la suciedad y cavar en el lugar que me indiques. Amén.

ENTENDERÁ EL PODER DE LA «PRESENCIA»

HE AQUÍ YO ESTOY CON
VOSOTROS TODOS LOS DÍAS.
—MATEO 28.20

Quizás haya experimentado reunirse o estar con una persona de presencia. Esa persona que entra a un lugar y súbitamente se cambia la atención y la energía. No es simplemente a causa de la aparición física sino por la forma en que se proyecta.

No importa cuál sea la situación, de alguna manera la persona comunica una presencia de majestad y fuerza. Y cuando estamos ante tal presencia, experimentamos alguna forma de transformación.

Jesus vino a demostrar la presencia de Dios.

Presencia quiere decir «posición, o cómo uno maneja su personalidad en un espacio».

Por ejemplo, mi hermana Kathy es una de las personas más amables y graciosas del planeta. Basta con que ella diga *World Wide Web* [Red Mundial] con una leve levantada de cejas para que me haga reír de buena gana. Una inocencia y sutileza sobre ella me hizo a mí también más entretenida. En cierta ocasión estuvimos a punto de que nos echaran de un restaurante. Mientras discutíamos sobre nuestro funeral, empezamos a reírnos tan estruendosamente que no podíamos parar. Mi hermana solo tiene que decir una palabra y la risa empieza a brotar en mí.

Hay algo en la *presencia* de ella que me hace reír. Con solo imaginármela mientras escribo esto, puedo sentir pequeñas burbujas de risa que empiezan a subir por mis venas. Esto me hace desear estar con ella una y otra vez.

De igual manera, recuerdo la presencia de mi amiga Susanna Palomares. Susanna es la esencia de la gracia y un amor por todas las cosas vivientes. En cierta ocasión me llevó a los *Everglades* «para ayudarme a vencer mi miedo a los pantanos y los cocodrilos», me dijo.

Caminamos hasta la orilla de un pantano y nos quedamos allí, en silencio, mientras el sol empezaba a ocultarse. Una grulla que había estado encorvada como una estatua extendió de pronto las alas y empezó a elevarse en el cielo. Podíamos oír el rumor producido por sus alas mientras ascendía. Recuerdo que Susanna estaba parada solo a un paso detrás de mí. Ambas nos mantuvimos absortas observando a aquella magnífica criatura desplegando sus alas. Ninguna de las dos dijo una palabra, pero yo sentí que había estado ante la presencia de Dios. Y vino a mi memoria el versículo de Proverbios: «Cuando formaba los cielos, allí estaba yo» (8.27).

En tiempos de belleza, la presencia me hace pensar en Dios.

En tiempos de angustia, la presencia me hace pensar en Dios.

Sam Faraone es capellán en el Departamento de Policía de El Paso. Cuando le pregunté por qué ayudaba a la gente en tiempos de gran trauma y tensión, me dijo, simplemente: «Porque creo que es lo que Jesús haría». Cuando Sam y yo trabajamos juntos para fijar su afirmación de misión, todo su deseo giraba en torno a estas pocas palabras: «Mi misión es establecer la presencia de Dios».

Conocí a Sam cuando vino con la policía para informar a nuestra familia que un pariente se había quitado la vida. En medio de la consternación y la congoja y los por qués de tan terrible tragedia, en todo momento estuvo a nuestro lado, abrazándonos, sentado en silencio, ayudándonos a limpiar la sangre. Cuán agradecidos quedamos todos con la presencia de un capellán llamado Sam Faraone. No fue lo que dijo aquel día que hizo la diferencia para todos nosotros, sino que estuviera allí.

En el salmo 17, el rey David escribe sobre su anhelo de sentir la presencia de Dios. A menudo pienso en este verso porque traduce el deseo —no de tener a un Dios que está a nuestra disposición haciendo cosas para nosotros, sino— de tener a un Dios con el que sencillamente podamos estar y disfrutar.

> Para mí, la recompensa de virtud
> es ver tu rostro
> y contemplar mi hartura
> en tu semejanza (v. 15, paráfrasis de la autora).

Toda la Escritura, en realidad, representa un anhelo por la presencia de Dios. Jesús nos llama a profundizar más y más en el ser divino. Porque en esa presencia podremos sin duda maravillarnos totalmente.

PREGUNTAS

1. ¿Qué presencia disfruta usted más?
2. ¿Qué cualidades sobre esa persona (o esas personas) realmente lo transforman?
3. ¿Cómo cree que se sentiría si pudiera estar siempre en la presencia de Dios?

Querido Señor:
Ayúdame a detenerme y a recordar que tú estás en todas partes, especialmente aquí mismo, junto a mí, en este preciso momento. Amén.

TENDRÁ UN
ESPACIO SEGURO

VOY, PUES, A PREPARAR LUGAR PARA VOSOTROS.
–JUAN 14.2

Cuando comencé a contemplar a Jesús como un motivador de la gente tanto como el Hijo de Dios, me preguntaba cómo podía hacer para que la gente fuera tan abierta con Él. A menudo trato de imaginarme parada al lado suyo mientras hablaba a la mujer en el pozo o llamaba a los pescadores a dejar sus redes para ir con Él. No tuvo que atraerlos mediante promesas de poder, prestigio, fama o dinero. No les ofreció nada, excepto un cambio para que llegaran a ser todo lo que podían ser y hacer algo grande.

Estoy convencida que la razón para que la gente lo siguiera y unos pocos finalmente estuvieran dispuestos a morir por Él, fue que les ofreció un espacio seguro. No «seguro» en términos de que no vendrían peligros. De hecho, les advirtió que tendrían que sacrificar muchas de sus comodidades y quizás hasta sus vidas si estaban dispuestos a seguirle.

Lo que les ofreció fue un espacio seguro. Pero no se trataba de un edificio o un templo sino una relación de estimación positiva incondicional.

De alguna manera, a través de sus palabras y sus hechos y la forma en que los vio, ellos entendieron que todas sus debilidades y fracasos pasados no le importaban. No estaba interesado en su pasado, sino en su futuro.

A menudo, personas que han asistido a nuestros seminarios de entrenamiento *Path* comentan lo rápido que desarrollan confianza entre ellos. Extranjeros, algunos de diferentes países están dispuestos a revelar, en muy corto tiempo, las sombras y temores de sus corazones y almas. Muchos factores contribuyen a este fenómeno. El factor número uno es la presencia de Dios. «Porque donde están dos o tres congregados en mi nombre, allí estoy yo en medio de ellos» (Mateo 18.20) y nosotros le tomamos su palabra.

Otra forma en que podemos hacer el espacio seguro es orando hasta la saturación. Antes, durante y después de la reunión la gente está orando por los participantes. En las reuniones no permitimos que dos o más personas hablen al mismo tiempo. Si uno habla, merece toda la atención de los que están en la sala, como una forma de mostrar respeto e interés en lo que está diciendo. Allí todos están por un propósito positivo y que también se alcance el objetivo. Desde el primer día, se establece un tono que dice: «Estamos aquí para escuchar, para aprender y para expresarnos un amor pleno los unos a los otros».

La gente no puede trabajar en una atmósfera de crítica o de temor. Al principio, pueden soportar ese ambiente, pero terminarán por cerrarse, rebelarse o irse.

Para poder dar y recibir instrucción eficazmente, ambas partes necesitan establecer un ambiente de seguridad y confianza. Esto se consigue de diversas maneras. En las sesiones de preparación de los capacitadores que llevamos a cabo con los promotores de *Path*, digo que hay tres requerimientos principales para ayudar a las almas de la gente a «emerger». Uno es que la persona debe tener solo una intención positiva en su mente, libre de un ego restrictivo, consideraciones y agendas. El segundo es que la persona debe estar dispuesta a hacer las preguntas difíciles que tenga. Y el tercero es que no se debe salir mientras no estén todas las preguntas contestadas. Si se cumplen estos tres requerimientos se producirá una especie de abrazo psicológico. Con la vista hacia delante, muy dentro del alma y los brazos alzados amorosamente para formar un círculo de seguridad, las almas emergerán. Esto lo he visto ocurrir vez tras vez.

Jesús lo vio y lo creó diariamente. La gente quiere reverdecer y florecer. La gente quiere hacer lo mejor. Quiere ser creativa y expresiva y amada por lo que son. Pero eso requiere que alguien cree conscientemente el espacio para que tal cosa ocurra.

El personal en un hospital con el que trabajo organizó lo que llamó una Jornada del Paciente para ver cómo podrían mejorar su servicio al cliente. Querían observar cómo era su servicio mirado con los ojos de sus clientes, que en este caso eran pacientes y sus familiares. Una de las cosas que este estudio reveló fue que los pacientes sentían que no había un espacio que consideraran de ellos. Sus cuartos no eran sus cuartos, sino sencillamente lugares donde ellos, los pacientes, serían pinchados, interrumpidos, explorados, despertados y perturbados según los planes y necesidades del personal médico.

Los pacientes también sentían que todos los cuartos lucían iguales. Su sentido de individualidad y dignidad estaban constantemente puestos a prueba por los protocolos médicos establecidos de cómo las cosas se han hecho siempre en los hospitales. Todo eso está cambiando.

Pronto, los pacientes en este hospital tendrán un sentido de pertenencia. Los doctores y las enfermeras golpearán antes de entrar a sus cuartos y tratarán de arreglar sus agendas tomando en cuenta las necesidades de los pacientes en lugar de al revés, como se ha venido haciendo hasta ahora. Los pacientes que necesitan permanecer en el hospital por más de cinco días podrán colgar sus propios cuadros en las paredes de sus cuartos o, si no tienen pinturas propias, las que les provean a través de un carrito de arte proporcionado por el museo de arte de la localidad. Estas son solo unas pocas de las formas que el personal y los ejecutivos del hospital están implementando para ayudar a los pacientes a recuperarse en un espacio que es más sano emocionalmente que antes.

En diversas maneras, Jesús creó un espacio seguro para la gente. Lo hizo defendiendo a su equipo de trabajo de las críticas de escribas y fariseos. Lo hizo defendiendo a la mujer que le lavó los pies y los secó con su cabello. Lo hizo diciéndole a la mujer sorprendida en adulterio que todos sus acusadores se habían ido y que tampoco él la acusaba.

Lo hizo invitando al ladrón en la cruz a estar con él ese mismo día aun cuando ambos colgaban y morían en la cruz. Jesús pudo mirar a través de ese hombre que admitía su ignorancia y recibir su alma en el paraíso.

Si solo pudiéramos hacer lo mismo. Pero demasiado a menudo nuestros hogares, nuestras escuelas, nuestros lugares de trabajo no son seguros emocionalmente. En las escuelas tenemos matones que intimidan y menosprecian e ignoran a los que son diferentes a ellos. Tenemos lugares de trabajo donde los jefes acostumbran vociferar e intimidar y amenazar a su personal para conseguir lo que quieren. Tenemos hogares donde las mujeres y los niños tiemblan cuando el papá llega sin darse cuenta de la atmósfera que crean. Tenemos hijas a las que sus madres ignoran y menosprecian o son abusadas sexualmente por tíos o padrastros. La lista podría seguir en forma interminable.

Pero tenemos la capacidad de crear un refugio seguro para los demás, solo a través de la forma en que los vemos. Podemos crear para ellos una isla de seguridad solo al demostrarles respeto. Escucharles. Darles tiempo para que se expresen y no poniéndonos de pie y saliendo solo porque se está haciendo tarde.

Cuando la gente se siente segura, empiezan a ocurrir cosas asombrosas. Porque a veces, incluso, se levantan y andan.

Jesús creó un espacio seguro.

PREGUNTAS

1. ¿Dónde está su espacio «seguro»?
2. ¿Dónde no se siente seguro?

3. ¿Cuándo se ha sentido muy seguro?

4. ¿Por qué una sensación de seguridad es esencial para que el alma emerja?

Querido Señor:

Tú eres mi Roca, mi Salvador, mi red de seguridad. Vengo a ti y sé que me amas, a pesar de todo. Vengo a ti y sé que ves todas mis fallas y fracasos y aun así me sigues amando. Vengo a ti orando que pueda ver lo que tú ves en mí y creer, y saber y llegar a ser la persona que tú creaste en ese amor tan profundo y maravilloso. Amén.

SABRÁ QUE ÉL
SIEMPRE ESTÁ CERCA

JEHOVÁ ME LLAMÓ DESDE EL VIENTRE,
DESDE LAS ENTRAÑAS DE MI MADRE TUVO
MI NOMBRE EN MEMORIA.
—ISAÍAS 49.1

El escritor Gregg Braden cuenta una hermosa historia sobre un hombre y el nacimiento de su hijo. Gregg conoció a este hombre y su familia en un simpático restaurante junto al mar. Mientras esperaban que se completara el servicio a las mesas, los dos empezaron a conversar. Después que Gregg reconoció la belleza de la familia del hombre, este empezó a contar sobre las dificultades y milagros en el nacimiento de su hijo menor, de nombre Joshua.

Aparentemente, el parto se desarrollaba con normalidad pero, de repente, el bebé se detuvo en su paso por el canal de nacimiento. Su padre, un experimentado paramédico sospechó que el hombro del bebé había chocado con el cóccix de la madre. Entonces, con su mano buscó el cóccix, movió su mano hacia arriba, apenas lo suficiente para sentir el hombro de su hijo alojado contra el hueso. Le dijo a Gregg: «Entonces sucedió la cosa más sorprendente». Justo en el momento en que el padre estaba por hacer girar el hombro del bebé, sintió que el bebé se movía por sí solo como si estuviera reaccionando a lo que había sentido. Entonces, en cuestión de unos segundos los pequeños dedos del bebé se cerraron firmemente alrededor de la mano de su padre lo que permitió que este tirara con éxito al bebé hacia el canal de nacimiento. La imagen del bebé agarrado de la mano de su padre, confiando en él que todo iba a salir bien, hizo que las lágrimas acudieran a mis ojos.

Tuve la dicha de visitar con mi madre la Capilla Sixtina. Habiendo visto tantas veces la pintura que muestra a Dios estirando su brazo para tocar a Adán en la escena de la creación, estaba ansiosa por verla ahora con mis propios ojos. Pero la imagen es una escena de adiós. Dios le está diciendo a Adán: «Ahora vas a un mundo nuevo y vas solo». En contraste, la imagen de Cristo es como si estuviera diciéndonos: «¡Hola... y... bienvenido a todo un mundo nuevo».

La Escritura nos dice que aun la tierra está con gemidos de parto. Constantemente nos estamos moviendo a nuevas áreas de ser, de pensamiento y de experiencia. Qué hermoso es saber que aun cuando uno se quede atascado, hay una mano que se extiende... deseando traerlo a un mundo completamente nuevo.

Jesús es esa mano.

PREGUNTAS

1. ¿Se siente atascado actualmente en su vida?

2. ¿Siente que necesita avanzar?

3. ¿Cómo se sentiría si supiera que Jesús está estirando su mano para ayudarle?

Querido Señor:
Gracias por aproximarte a mí en mi confusión, en mi estancamiento y porque tratas de liberarme. Ayúdame a confiar en ti lo suficiente como para poner mi mano insignificante en las tuyas. Amén.

Se asombrará

A NUESTRA PUERTA HAY TODA SUERTE DE
DULCES FRUTAS, NUEVAS Y AÑEJAS,
QUE PARA TI, OH AMADO MÍO, HE GUARDADO.
—CANTAR DE LOS CANTARES 7.13

Tengo un amigo que es tremendamente romántico. Para proponerle matrimonio a su amada, planeó una caminata de dieciséis kilómetros por el Gran Cañón del Colorado. Allí, en frente de las cascadas Havasu, se arrodilló ante ella y le pidió que se casara con él. Mientras iban, encontraron a un hombre que regresaba. Les preguntó si ya habían visto las cascadas. Cuando le dijeron que todavía no, él abrió los ojos y les dijo, en un acento alemán inconfundible: «¡Son asombrosas!» Ellos se alegraron de escuchar aquello, pues aumentó sus expectativas de contemplar algo realmente hermoso.

Un día en que fui a darme una ducha en mi baño de El Paso, Texas, me encontré en el piso de la ducha a una lagartija pequeña y casi transparente. Podía casi literalmente ver su corazón latiendo y sus pulmones llenándose de aire mientras inspeccionaba ese ambiente, sin duda nuevo para ella. Aparentemente había llegado allí a través del tubo de drenaje ya que la ducha estaba bien cerrada. Me pregunté cuánto tiempo llevaría allí, contemplando con asombro este nuevo mundo. Me pregunté cómo sería su hogar original, ubicado en alguna parte en el agua o en la línea de desagüe. Dudo que se haya dado cuenta que su ruta la habría de traer a este lugar de espacio y luz. Me hizo pensar en cómo seguramente van a ser las cosas cuando entremos al cielo.

La tomé con todo cuidado y la liberé en el jardín, donde hay una fuente corriendo permanentemente y muchas flores. Estoy segura que la vida que vivimos aquí será como las líneas de alcantarillado y tuberías de drenaje comparadas con el jardín de amor en el que viviremos.

Mi amigo y pastor Dr. Tim Walker, de Grapevine, Texas, dice que la muerte debe ser como el nacimiento. Los embriones en el vientre solo conocen oscuridad, balanceo y silencio, y entran en este mundo sin mucho entusiasmo, llorando con su primer aliento en son de protesta. Pero cuando abren sus ojos, lo encuentran todo «asombroso».

La vida vivida en el espíritu y en la presencia de Cristo, es una vida de asombros que se suceden uno tras otro. Si solo tuviéramos ojos para verlos, veríamos que los milagros nos rodean a diario.

Jesús le va a dar un par de ojos nuevos.

PREGUNTAS

1. ¿Cuándo ha entrado en un estado de asombro?

2. ¿Qué estaba ocurriendo?

3. Describa alguna ocasión cuando vio algo por primera vez con nuevos ojos. ¿Qué fue? ¿Cómo se sintió?

Querido Señor:
Ayúdame a andar en un estado de asombro agradecido por todo lo que has hecho por mí. Amén.

LLEGARÁ A SER
«EL MENSAJE»

NO PIENSE QUE TIENE QUE ECHAR A ANDAR UNA
CAMPAÑA DE RECAUDACIÓN DE FONDOS ANTES
DE EMPEZAR. USTED NO NECESITA MUCHO
EQUIPO. USTED ES EL EQUIPO.
—MATEO 10.9-10 (*El mensaje*)

Roger Ailes alcanzó fama como consultor no solo de las estrellas, sino de un numeroso grupo de figuras políticas. Quizás el más famoso de sus clientes haya sido el presidente Ronald Reagan.

Roger fue llamado para asesorar al presidente en la preparación de sus debates. En el primer debate presidencial, Ronald Reagan no anduvo bien contra su oponente, Walter Mondale, que se vio más a gusto y más cómodo con las estadísticas que el presidente. El personal de la Casa Blanca estaba preocupado.

La gente no quería decirlo, pero todos conocían la verdad. Si el presidente aparecía demasiado viejo o desconectado de sus electores, podría perder la elección. De modo que la presión era grande cuando el presidente Reagan y Roger Ailes se reunieron.

En la primera sesión, Ailes se limitó a observar un debate simulado y tomó notas. Las personas que acudieron para que fueran los oponentes de Reagan trataron de aventajar y ser más hábiles que él en cada turno, tirando preguntas y comentarios e insinuaciones para preparar al presidente ante cualquier eventualidad. Trataron especialmente de probarlo en hechos y estadísticas, dado que estos fueron los puntos débiles en el debate anterior. Roger habría de contar que Reagan estaba agotado, frustrado y agitado por los ejercicios. No importaba cuántas veces volvieran a abordar los mismos puntos, Reagan siempre parecía equivocarse.

Finalmente, Roger le dijo a todo el mundo que saliera: los miembros del personal, los oponentes ficticios, la gente del sonido, todos. Se sentó luego con el presidente y empezó a tranquilizarlo. Le dijo: «Señor presidente, el pueblo no lo eligió por su capacidad para memorizar estadísticas. Lo eligió por lo que usted es. A la gente le gusta su carácter y su sentido del humor y eso es necesario que se les recuerde. No permita que nadie lo apabulle ni lo abochorne. Sea usted, y diga lo que le nazca decir en forma natural».

El presidente asintió y sonrió, ya más tranquilo.

Cuando tuvo lugar el segundo debate, el presidente se veía de mucho mejor estado de ánimo. Aunque se enteró de las predicciones fatalistas que perdería en esta segunda vuelta debido a que era demasiado viejo y estaba desconectado de sus electores, aquello pareció no preocuparle. De hecho, cuando su oponente intentó tocar el tema de la edad, Reagan sonrió y replicó: «Estoy decidido a no permitir que la edad y la relativa inexperiencia de mi oponente sea un tema en esta campaña». Todos soltaron la risa: el moderador, los reporteros y la audiencia. Incluso su oponente no pudo sino reprimir una risa ante la sabiduría y el buen humor de Ronald Reagan.

Fue un golpe seco que dio el presidente. El asunto de la edad nunca volvió a mencionarse, ni en el debate ni en la elección. Cada vez que surgía en alguna discusión, la gente citaba las palabras del presidente, recordando quién realmente era este hombre. Reagan venció para un segundo período.

Jesús fue muy claro en que era el Verbo de Dios hecho carne. Dijo: «Yo soy el camino, la verdad y la vida» (Juan 14.6). Dijo también: «Yo soy el buen pastor» (Juan 10.14). Y también: «El que me ha visto a mí ha visto al Padre» (Juan 14.9). Él sabía que era Dios aquí en la tierra y nunca dudó de eso, a pesar de las dificultades y alternativas que tuvo que vivir.

De alguna manera todos nosotros tenemos que entender que a través del milagro de la transformación espiritual en Cristo, nosotros también llegamos a ser el mensaje. No importa qué palabras digamos o cómo actuemos, serán nuestras obras y nuestro ser lo que la gente recordará.

Quizás Pilato lo dijo cuando declaró: «¡He aquí el hombre!» (Juan 19.5). Con esas palabras, estaba diciendo: «Mírenlo y verán todo lo que Él es, sin fingimiento, sin artificio, sin vergüenza».

Muchos de nosotros estamos tratando de ser, lucir o parecernos a alguien más. Los publicistas que promueven determinado producto nos dicen cómo vestir, qué comer, qué comprar, qué mirar, qué escuchar.

Pero Dios nos está llamando a encontrar y vivir su auténtica voz. Si solo pudiéramos ser lo que realmente somos, este mundo cambiaría en un instante.

Usted y yo somos el mensaje. Somos los pensamientos de Dios, la esperanza de Dios, los sueños de Dios, las pasiones de Dios encarnados.

Quizás usted sea como muchos de esos héroes bíblicos que trataron de convencer a Dios que había escogido a la persona equivocada para el trabajo.

Tú, Dios, no quieres que yo predique: soy un hombre de labios inmundos. Tú no quieres que guíe a la gente, Dios. Yo tartamudeo. Isaías. Moisés. Amamos y recordamos y valoramos sus nombres porque de alguna manera ellos se dieron cuenta que, a pesar de sus temores y deficiencias, fueron el mensaje y la voz de Dios en su situación. No es diferente hoy para usted y para mí.

Jesús sabía que era el mensaje.

Igualmente usted.

Preguntas

1. ¿Dónde y cómo está usted tratando de ser otro?

2. ¿Cuál sería la diferencia si alguien, en lugar de fijarse en sus palabras, se fija en el tema de su vida?

3. ¿Cómo cambiaría su vida si se diera cuenta de que usted es el mensaje de Dios para su mundo?

Querido Señor:

¡Guao! Me has abrumado. Me has exaltado. Me has consternado. Has puesto en mí el creciente sentido de admiración y temor y realización que en este mundo, en este tiempo, en este lugar yo soy tu mensaje y tu mensajero. Ayúdame a no olvidar la razón para la cual me creaste. Amén.

VERÁ EL MUNDO A TRAVÉS DE OJOS NUEVOS

LA NIÑA NO ESTÁ MUERTA,
SINO DUERME.
—MATEO 9.24

La ciencia ahora sabe que así como nuestra percepción de un objeto cambia, su comportamiento cambiará. Este principio incluso tiene un nombre: *Heisenberg Uncertainty Principle* (Principio de Ambigüedad de Heisenberg). Básicamente quiere decir que nuestras expectativas y creencias determinan los comportamientos. También significa que «así como uno cree, así recibe».

Uno de los más sorprendentes regalos que Jesús, el entrenador de su vida, le dará es una perspectiva nueva. La lectura de cualquiera de las parábolas en los evangelios revela su sorprendente manera de mirar el mundo con otros ojos:

- «Si tienes fe, aun como un grano de mostaza, podrás mover esta montaña».
- «Podrán destruir este templo y en tres días lo levantaré».
- «Si creen en mí y piden en mi nombre, nada será imposible para ustedes».

A menudo, pinto pequeñas burbujas con carteles o dichos sobre las cabezas de las personas que tratan de darle sentido a lo que Él dice. La palabra que uso con más frecuencia es una de tres letras: ¿*Huh*? «¿Qué estará tratando de decir? ¿Dejar que se lleve nuestra capa aquel que nos la ha quitado? ¿Poner la otra mejilla a quien nos ha golpeado? ¿Caminar una milla extra cargando a alguien que nos quiere esclavizar? ¿Estará loco?»

A los ojos del mundo lo estaba. Pero su reino no es de este mundo y, ahora, tampoco es de ustedes.

La clase de Escuela Dominical a la que asistía en Phoenix, empezó a analizar una tragedia reciente aparecida en los periódicos. La nave espacial con siete astronautas se desintegró al regresar a la tierra, descendiendo terroríficamente en medio de un chorro de fuego contra un cielo azul y exento de nubes. Lo vimos en las noticias el día anterior y a todos nos costaba aceptar la repentina pérdida de aquellos siete aventureros brillantes, ansiosos, inteligentes. Un puñado de lo mejor de nuestra gente.

Un hombre que ya peinaba canas, de nombre Ed dijo algo que nunca voy a olvidar. Inclinándose un poco hacia adelante, dijo: «Es en ocasiones como estas cuando pensamos en la eternidad». Se produjo en la sala un largo silencio mientras aquellas palabras buscaban su rumbo a nuestros corazones.

Cuando ocurren hechos que están más allá de nuestro control y de nuestra capacidad de entenderlos esos son los momentos cuando la eternidad se nos insinúa.

Jesús dijo: «Hay un tiempo y un lugar donde no habrá más lágrimas ni se recordará tristeza alguna. Yo he venido de ese lugar para recordarles que ustedes también vienen de allí y hasta allí los llevaré».

Una noche en un evento, me paré detrás de una pantalla gigante, esperando que me llamaran a la plataforma. La persona que me asistía se mantuvo en todo momento a mi lado, su mano reposando suavemente sobre mi brazo. Podía oír a la gente cantando pero sin ver sus rostros. Si miraba la pantalla que estaba frente a mí, podía leer vagamente las palabras, aunque ellos las podían ver perfectamente.

En un momento la música cesó, las luces se encendieron y pude oír que pronunciaban mi nombre. Mientras la gente aplaudía, mi escolta me susurró: «Sé que va a hacer un gran trabajo».

Subí a la plataforma, me volví y de pronto pude leer claramente las palabras tanto como ver los rostros de la gente que había estado cantándolas.

Antes, estuve detrás de la pantalla, pero ahora podía ver cara a cara.

Antes, estuve de pie en un corredor oscuro, pero ahora la luz inundaba todo el lugar.

Jesús, mi instructor, me había llevado allí.

Jesús le dará a usted también una perspectiva nueva cuando lo saque de detrás de la pantalla.

PREGUNTAS

1. ¿Detrás de qué pantalla se encuentra? ¿Es la pantalla de la duda? ¿Del temor?

2. Imagine pasando al otro lado donde encontrará solo gozo. ¿Quién le tiene tomado de la mano mientras espera en la oscuridad?

Querido Señor:
Toma mi mano y guíame a tu Luz. Amén.

TENDRÁ GOZO INFINITO

ME MOSTRARÁS LA SENDA DE LA VIDA,
EN TU PRESENCIA HAY PLENITUD DE GOZO.
—SALMOS 16.11

El rey David expresó un gozo místico cuando escribió:

> Se alegró por tanto mi corazón, y se gozó mi alma; mi carne
> también reposará confiada; porque no dejarás mi alma en el
> Seol... Me mostrarás la senda de la vida, en tu presencia hay
> plenitud de gozo; delicias a tu diestra para siempre (Salmos
> 16.9-11).

Una relación personal con Dios se caracteriza por el gozo que
produce, gozo que el mundo «normal» a menudo no puede entender.
En el libro de los Hechos leemos cuando el Espíritu Santo descendió
sobre el grupo de apóstoles reunidos y empezaron a hablar en idiomas
que no conocían. Cuando salieron del Aposento Alto a las calles, la
gente se reía de ellos y se burlaban, diciendo que estaban borrachos
(Hechos 2).

Al propio Jesús lo acusaron de tener gozo producto del vino. En sus oraciones siempre pidió que nuestro gozo pudiera ser completo.

El encuentro con Dios y la consiguiente rendición a Él lo dejará sin aliento, en un estado tan alterado y hermoso que a menudo es imposible de describir. Un poeta de la antigüedad escribió: «Soy como una hormiga perdida en un granero, esforzándome por llevar un grano más grande que yo, sintiéndome ridículamente feliz».

Chula, mi perra labrador amarilla, no deja de girar en círculos de gozo cuando regreso de un viaje (aunque sea de la tienda de comestibles cercana). Mete la cola entre las piernas, echa las orejas para atrás y corre por el patio a toda velocidad, esquivando cercas y ruedas de carreta. Necesita estar en movimiento para expresar el éxtasis que se apodera de su mente y de su cuerpo. Un simple mover de la cola no sería suficiente. Tiene que correr.

Con mi ahijado ocurre lo mismo. Una vez, cuando tenía tres años de edad, lo fui a visitar después de seis semanas de no verlo. Cuando traspuse la puerta, me miró y empezó a gritar y luego a correr por toda la casa tan rápido como sus pequeñas piernitas se lo permitían. Corría en círculos alrededor de mí y de su madre que no paraba de reír, luego se iba a recorrer la casa para volver riendo gozoso. Ese día dio veintidós vueltas por la casa. Tan feliz estaba de verme. Fue interrelación entre corazones, no basada en palabras. Solo el gozo sencillo de sentirse *uno*.

Esta es la forma en que Jesús se siente respecto de usted. Los ángeles gritan, aparecen los bonetes de fiesta, y se sirve el vino más exquisito. El gozo de la unión y la reunión es lo que este instructor quiere que usted disfrute.

Cuando Jesús sea su instructor, sentirá un gozo infinito y empezará a conocer el gozo que Él siente por usted.

PREGUNTAS

1. ¿Cuándo en su vida ha sentido un gozo extático?
2. ¿Qué diría si sintiera este tipo de gozo en forma permanente?

3. ¿Cuál es la diferencia entre gozo y éxito?

4. Usted fue creado en gozo, y se gozará cuando regrese al hogar. Mientras tanto, en la tierra hay un gozo disponible para usted en una forma que supera toda comprensión humana. ¿Está dispuesto a disfrutarlo?

Querido Señor:
Ayúdame a despertar a tu gozo, el gozo que tienes en mí y para mí. En ti está todo mi deseo y mi retribución. Amén.

Pintará todo lo que ama

A UNO DIO CINCO TALENTOS,
Y A OTRO DOS, Y A OTRO UNO,
A CADA UNO CONFORME A SU CAPACIDAD.
—MATEO 25.15

Llevo siempre conmigo una tarjeta —con una frase impresa— que compré en el museo de Georgia O'Keeffe en Santa Fe, Nuevo México. La frase es la declaración de una artista hecha en referencia a su amor inquebrantable hacia Nuevo México. La artista escribió: «Es mío. Dios me dijo que si lo pintaba lo suficientemente a menudo podría ser mío». Nosotros también somos artistas, intentando expresarnos en el lienzo de nuestras vidas diarias. Lo triste es que demasiado a menudo perdemos nuestro arte porque no nos fijamos dónde vamos a dar la próxima pincelada.

Mi madre es una fuente constante de gozo y sorpresa para mí. Hace poco decidió formar su propio grupo de artistas. Lo llamó *LWAOS* que quiere decir: *Loose Women Artists of Sedona* [Artistas libres de Sedona]. El grupo se reúne todos los miércoles desde las nueve de la mañana hasta las dos de la tarde.

Cada semana, una de ellas asigna a las demás un trabajo artístico en el que todas tienen que participar. El único fin del grupo es disfrutar de su libertad y entretenerse. Cuando llamé a mamá y le pregunté qué había hecho el grupo esa semana, me respondió: «Hicimos unos cuadros que puedes colgar como quieras, al revés o en forma oblicua. El propósito no fue la perspectiva sino el equilibrio y el color». ¿Con qué saldrán mi mamá y su grupo la próxima vez?

Mi madre tiene ochenta y dos años, y todavía solo diez, desarrollando animadísima su propia segunda infancia. Hace todo lo que le agrada.

Mi amigo y colega Marty Blubaugh me llamó ayer para contarme de su viaje a Washington, D.C. en representación mía. Me dijo que en el avión en que regresaba a casa se sentó junto a una señora que trabaja en una empresa proveedora del ejército, que gana mucho dinero pero que aun así, odia su trabajo. Le explicó lo que nosotros hacemos con los adolescentes y cómo mi libro *The Path* les ha ayudado a identificar mejor sus dones y habilidades. Cuando abandonó el avión, ella se volvió y le dijo: «Ahora veo alguna esperanza para mí. No quisiera pasar la siguiente mitad de mi vida haciendo un trabajo que odio aunque eso signifique ganar mucho dinero». Marty y yo y todos nuestros promotores nos apasionamos porque la gente sea capaz de pintar lo que le gusta y haga de eso un propósito en la vida.

Todavía recordando lo que Marty me había contado, leí esta mañana en mi diario un poema que escribí para Scotty, su hijo de siete años:

Scotty
No estaba preparada para su belleza
la pérdida de sus dientes delanteros
ese espacio vacío bajo sus ojos danzarines
enmarcados en oro.
Su pelo descendiendo de su cabeza
en una circunferencia perfecta
pelusas doradas color a fruta madura
finamente cortado y rematando

en un bello mechón al centro de la frente.
Su pequeño pecho queriendo liberarse
de la prisión de su camiseta
sus piernas flacuchentas que terminan en zapatillas de tenis,
una de ellas sin amarrar.
«¿Qué hiciste hoy en la escuela, Scott?»
le preguntó, solemne, su padre.
«No mucho, papá. Jugar un rato en el patio a la hora del almuerzo y
luego comerme un pastel», le dijo.
Alzó su rostro ante mí —siete años en formación— y rió.
«Pastel, pastel, puede parecer tonto
pero es lo que más me gusta».
Y mi corazón voló hacia él
desprevenida como estaba
por su belleza.
15/04/01

Scotty estaba mostrando un deleite infinito con lo que eligió hacer en la escuela. Creo que cada uno de nosotros podríamos estar trabajando en algo parecido a un pastel... haciendo cada día lo que más nos agrada. En cuanto a mí, es mi pasión.

Mi desafío a usted es que llene el espacio en blanco, e imitando el verso sobre el pastel de Scotty, prepare una lista de lo que más le agrada en la vida.

«_____,_____, puede parecer tonto, pero es lo que más me gusta».

Quizás lo que usted escriba, diga: «Cultivar el jardín, aunque parezca tonto, pero es lo que más me agrada hacer». ¿Podría ganarse la vida haciendo jardines? Mucha gente lo hace.

O quizás diga: «Creando, aunque parezca tonto, pero es lo que más me agrada hacer». ¿Puede ganarse la vida creando? Mucha gente lo hace.

Ahora imagínese si pudiera ganarse la vida haciendo cada día lo que más le agrada. Ser como Georgia O'Keeffe. Comprenda que si lo pinta muy a menudo, Dios se lo dará.

Jesús dejó el taller de carpintería de su padre para dirigirse al desierto, a enseñar, sanar y predicar, impulsándonos a dejar nuestros encierros y elevarnos a las alturas.

Jesús pintó lo que amaba y nos reta a nosotros a que hagamos lo mismo.

PREGUNTAS

1. Si alguien fuera a interpretar sus pinceladas hoy día, ¿qué representaría su pintura?

2. ¿Qué hizo pensar a Georgia O'Keeffe que Dios le daría algo si ella lo pintaba lo suficiente? ¿Qué quiso decir con eso?

Querido Señor:
Ayúdame a pintar lo que me agrada y que es agradable a tus ojos. Ayúdame a entender que de alguna manera, yo soy tu gran obra de arte, y que haciendo lo que me agrada, te hago feliz a ti, mi Creador. Amén.

PENSAMIENTOS Y UNA ORACIÓN

Ayer aprendí que cuando uno muere, la persona pierde veintiún gramos. Sea el cuerpo joven o viejo, grueso o delgado, algo inefable lo abandona que pesa tanto como un colibrí.

Quizás este sea el peso del alma humana o el hálito que circula a través de nuestros pulmones día tras día, desde nuestro primer gran trago de aire hasta nuestro último suspiro.

Esta es la parte de usted que Jesús busca. No el peso de sus logros o el de su cuenta bancaria, ni siquiera (¿lo digo?), la lista de sus obras buenas.

Jesús busca la esencia de usted —aquellos veintiún gramos— que le concedió al nacer, los veintiún gramos que ascenderán al cielo cuando usted muera.

Vuelva su hálito a Él, susurre un primer «sí» y luego otro y otro y otro, y su vida se volverá imperceptible, resuelta y ansiosamente hacia el más sublime, más grande y más feliz «Tú».

Amén y amén.

EPÍLOGO

No hace mucho tuve el privilegio de asistir a un grupo de oficiales de la Academia Naval de los Estados Unidos en Annapolis, Maryland. La reunión fue iniciada y dirigida por mi amiga, Claudia Coe. Durante tres horas, ayudamos a algunos de los mejores y más brillantes oficiales de la Marina a desarrollar sus afirmaciones de misión individuales. Todos vestían uniforme. Todos se habían comprometido a servir a su país. Sus afirmaciones de misión son variadas y emocionantes. Con el permiso de los oficiales, quisiera citar algunas:

Inspirar, impulsar y ejecutar justicia.

Sacrificarme por, soñar y valorar el amor.

Explorar, traducir e iluminar la paz interior.

Crear, conectar e inspirar a otros en la humildad.

Animar, crear y alimentar la integridad.

Respaldar, salvaguardar y adorar la verdad.

Motivar, visualizar y animar la integridad.

Inspirar, soñar y rendirme a la sabiduría.

Educar, dirigir y sanar a través de un servicio valeroso.

Inspirar, moldear y motivar mediante la integridad.

Comunicar, educar y apoyar a otros mediante el servicio.

Nótese la sencillez, belleza y poder de las palabras que ellos escogieron para representar lo que son. Qué privilegiada me sentí por estar en medio de un grupo tan especial de personas en estos tiempos tan difíciles.

Mientras salía después de la reunión, no pude sino reflexionar en la necesidad que tenemos, ahora más que nunca antes, de estar claros sobre lo que vinimos a hacer aquí. Al día siguiente volé a Washington, D.C. para reunirme con representantes congresionales tanto en la Casa de Representantes como en el Senado para discutir asuntos relacionados con el financiamiento de un programa de ayuda a la juventud en riesgo. Me complace decir que hemos tenido éxito en nuestra petición para la juventud de tres ciudades: El Paso, Indianapolis y Tuscaloosa. En estas ciudades se trabajará en los próximos años a través de los servicios comunitarios *Path* y la Asociación Cristiana de Jóvenes, *YMCA*. Esperamos que para el tiempo cuando usted tenga este libro en sus manos, la lista de ciudades haya aumentado.

Gracias a mi amiga Amy Crumpton, promotora en *Path*, solo dos meses antes de las reuniones congresionales, tuve la oportunidad de hablar al presidente y jefe ejecutivo de Wal-Mart, la compañía más grande del mundo. De él recibimos palabras de aliento y la promesa de apoyar nuestro programa con los jóvenes.

Después de la reunión llegué a casa y empecé a limpiar la cochera para hacer espacio y expandir nuestras oficinas para esta nueva aventura. En cajas cubiertas de polvo encontré diseminadas notas que escribí, recuerdos de sueños que tuve los últimos veinte años... sueños en cuanto a exaltar a Jesús en formas nuevas y emocionantes... sueños para ayudar a la gente a ver cómo son sus dones únicos y especiales y cuán valiosos son para Dios. Mis sueños hechos polvo se hacen realidad ante mis propios ojos.

A uno de mis recientes seminarios *Path* asistió un joven a quien llamaré «Ken». Tendría unos veinte años y el primer día se mantuvo en silencio. Parecía que estaba tratando de entender lo que ocurría a su derredor. El último día, se puso de pie y empezó a hablar. Dijo: «Cuando llegué aquí, había tomado la decisión de no reír ni llorar. Sentía que, siendo la persona más joven en este seminario, no tenía ninguna contribución que hacer, así es que me mantuve callado. Pero no pude seguir así.

«Yo no conocí a mi padre y siento tener que decir esto. Siempre quise que mi madre se sintiera orgullosa de mí por lo que me esforcé al máximo en los deportes y en mis estudios. Pero ahora me doy cuenta que siempre me quedaba atrás. Mis compañeros querían que presentara mi candidatura para ser presidente del centro de alumnos, pero no quise. Y no quise porque tenía miedo. Mi entrenador quería hacer de mí un deportista profesional, pero no lo acepté porque tuve miedo. Ahora me doy cuenta que tengo que hacer algo para contribuir, y es esto. Cuando su entrenador le diga que es su turno para batear, vaya y batee. De ahora en adelante, lo haré».

Oro para que cuando mi Entrenador me diga: «Es tu turno», vaya.

Oro lo mismo para usted.

—LAURIE BETH JONES

ACERCA DE LA AUTORA

Laurie Beth Jones ha escrito varios libros que han sido éxitos de librería. Su trabajo ha sido destacado en *Time, Business Week, CNN, Industry Week Magazine* y *USA Today.*

Después de lanzar y dirigir su propia y exitosa agencia de publicidad durante quince años, Laurie Beth Jones se hizo conocida nacionalmente con *Jesus, CEO*, un libro que llevó los principios espirituales al mundo de los negocios. Ese libro y los que han venido después, estuvieron más de trece meses en la lista de los más vendidos de la revista *Business Week* y se ha traducido a doce idiomas, con ventas en todo el mundo de más de un millón de ejemplares.

Usando la sabiduría práctica, el humor y el pensamiento basado en la realidad, la señora Jones ha llegado a ser uno de los consultores líderes del mundo para empresas que quieren llevar su trabajo —y sus trabajadores— a niveles nunca antes alcanzados de producción, satisfacción y éxito.

Su trabajo ha llegado a la Casa Blanca, al Pentágono, a los salones del Congreso y al Senado, así como a los trabajadores en las calles de Calcuta, Bosnia y África del Sur. Su *Path for Teens Program* [Programa para adolescentes *Path*] tiene el apoyo y respaldo de Wal-Mart, y su *Path Training Program* [Programa de entrenamiento *Path*] está actualmente en uso en el programa de desarrollo del carácter en la Academia Naval de los Estados Unidos en Annapolis, Maryland, así como en varios programas de entrenamiento a lo largo y ancho del país. Laurie Beth Jones ha sido consultada por billonarios y reyes, pastores, estudiantes, amas de casa y presos para que les ayude a descubrir su camino espiritual. Ella vive su misión diariamente, que es «reconocer, promover e inspirar la conexión divina en mí y en otros».

Para más información visite su sitio en Internet:
www.lauriebethjones.com

RECONOCIMIENTOS

Este libro no habría visto la luz pública sin los esfuerzos visionarios de Terry Barber, Victor Oliver y Jonathan Merkh, de Thomas Nelson. Sus apremios y estímulo me ayudaron a terminarlo. Quisiera agradecer a Tami Simon, que me ayudó en el proceso de crear el pensamiento original en torno al título, así como a Jane Creswell, que contribuyó con importantes investigaciones sobre el trabajo de instrucción a ejecutivos.

Otros miembros del equipo en Thomas Nelson que ayudaron a que el proyecto llegara a ser una realidad incluyen a Kristen Lucas, Brecca Theele, Larry Ross y Asociados y el equipo de mercadotecnia.

Para mis amigos y líderes congresionales en Washington que proveyeron apoyo, aliento y respaldo a *Path Community Services* [Servicios Comunitarios Path] una gratitud especial: John Waites, Wes Bizzell, Richard Reyes, Henry Bonilla, Julia Carson, Richard C. Shelby, Jeff Sessions, Artur Davis, Spencer Bachus, Dianne Feinstein, Barbara Boxer, Susan A. Davis, Duncan L. Hunter, Richard G. Lugar, Evan Bayh, Julia M. Carson, Dan Burton, Jeff Bingaman, Pete V. Domenici, Heather A. Wilson, Tom Udall, John Edwards, Elizabeth Dole, Sue Myrick, Brad Miller, Bobby Etheridge, David E. Price, Kay Bailey Hutchinson, John Cornyn y Martin Frost.

Otros a quienes quiero agradecer son: Dick Stenbakken, Greg Bunch y Mike Regan. Ken y Margie Blanchard, Rick Warren, John Maxwell, Bill Pollard, Franklin Graham, Don Soderquist, David Miller y Michael A. Volkema que han continuado retándome a caminar más alto y más profundo con el Señor.

Me siento bendecida de tener una cantidad de amigos dentro de la Asociación Cristiana de Jóvenes, *YMCA*, incluyendo a Gordon Echtenkamp, Norris Lineweaver, Michelle Goodrich, Roger Davies, Cynthia Flynn, Erik Daubert, Richard Colloto y otros.

A Doug Hawthorne, un líder que camina y habla, gracias por tu inspiración, aliento y respaldo.

A Tom Coglin y Lee Scott, jefe ejecutivo y presidente de Wal-Mart, gracias por darme de su tiempo para hacer una diferencia en una forma maravillosa a favor de la juventud en riesgo.

Los promotores de *Path* que siguen inspirándome y apoyándome, entre los que se incluyen a Bob Jewell, Amy Crumpton, Claudia Coe, Robin Chaddock, Gaye Lindfors, Charley Waldo, Debbie Haynes, Janine Finney, Kathy Marcil, Jacque Salamy, Vangie Chavez, Polly Anderson, Linda Miller, Tom Heck y otros que han honrado mi caminar este último año.

Ionna Morfessis me ha dado aliento especial durante mi caminar diario, aportando fuego y luz en cada oportunidad. La capitana Elizabeth Homes, el capitán Robert Schoultz y el mayor William Collins de Annapolis, me han bendecido e inspirado con sus cualidades de líderes y su pasión por el desarrollo del carácter.

A mi dedicada asistente, Rosario Muñoz, que hace que mi vida fluya suavemente gracias a su trabajo detrás del escenario y a su amor por la gente, gracias. No podría hacer lo que hago sin ti.

Gracias a mis amigos y colegas en las escuelas de las comunidades en El Paso. Ustedes han ayudado a tanta gente joven maravillosa a encontrar su camino. Me inspiran con su valor y compasión: Robert Shaw, Robert Ramirez, Argelia Morales, Adreana Ramírez, Belinda Ortega, Brenda Torres, Amanda Saucedo, Isidro Frayre, Lauroselle Johnson, Tyrone Garner, Vangie Franco, Terry Randle, Martha Campos, Tina Quiñones, Brenda Trejo-Barri, Lauren Galos-Willia y Arlene Lira.

A Shelly Buckner, que me ayudó a tomar el esqueleto de una idea y lo transformó en una entidad viva para bien, gracias. Tú estás verdaderamente dedicada a Dios y a crecer en Él.

A Marty Blubaugh, por su trabajo tan paciente y diligente para que mis flechas dieran en el blanco, gracias. Tú eres un guerrero noble y valioso.

Una gratitud muy especial a Jerry Mabe, Lee Ellis y Sue Clark por su excelente liderazgo y asistencia al ayudarme a llevar a *Path Element Profile* al siguiente nivel.

A Catherine Calhoun, mi regalo continuo de Dios. Tú siempre me sumerges en risa y palabras amorosas, incluso cuando hablas y buscas la verdad. No podría estar donde estoy sin ti.

A mi hermana, Kathy Lee Ivey y su familia: Ben, Ben Jr., y Tara. Y a mi hermano Joseph Jones y su esposa Barbara Hanlon. Gracias por ser los mejores hermanos y apoyo que cualquiera persona podría tener.

Y a mi madre, Irene Jones, que me hace reír y gozar mientras pinta lo que ama. Gracias, mamá, por vivir tu vida en gozo.